W0245555

Inhalt

URSULA RICHARD

Dankbarkeit macht glücklich

SCORPIO

Ursula Richard praktiziert seit mehr als 30 Jahren Zen. Dankbarkeit als Lebenskunst lernte sie durch den Benediktiner-mönch Bruder David Steindl-Rast kennen und lieben. Sie ist Chefredakteurin der Zeitschrift »Buddhismus *aktuell*«, Verlegerin und Autorin.
www.ursularichard.de

MIX
Papier aus verantwor-
tungsvollen Quellen
FSC® C084279

© 2015 Scorpio Verlag GmbH & Co. KG, München
Umschlaggestaltung: Hauptmann & Kompanie
Werbeagentur, Zürich
Layout und Satz: Veronika Preisler, München
Druck und Bindung: Print Consult, München
ISBN 978-3-95803-031-2
Alle Rechte vorbehalten.
www.scorpio-verlag.de

Einleitung

»Dankbarkeit ist das Gedächtnis des Herzens.«

Jean-Baptiste Massillon (1663–1742),
franz. Theologe und Prediger

Liebe Leserin, lieber Leser,

dieses Buch ist für Sie,

- wenn Sie wissen möchten, warum Dankbarkeit von Psychologen und Neurowissenschaftlern als ein für unser körperlich-seelisches Wohlbefinden so wichtiges Gefühl angesehen wird. Sie erfahren in diesem Buch etwas darüber, wie Sie Dankbarkeit für Ihren Alltag als Kraftquelle entdecken und kultivieren und etwaige Stolpersteine dabei aus dem Weg räumen können.
- wenn Sie Dankbarkeit nicht nur als herzöffnendes Gefühl, sondern als eine Lebenshaltung kennenlernen möchten. Sie finden im Folgenden eine Fülle von Anregungen, wie Dankbarkeit für Sie mehr und mehr Teil einer grundlegenden Haltung werden kann, die nicht mehr so sehr vom üblichen Auf und Ab Ihrer Stimmungen abhängt. Ich stelle Ihnen Dankbarkeit als einen

Weg vor, der Ihre Sicht weiten, Ihnen Erfahrungen tiefer Verbundenheit ermöglichen und Sie zu einem nachhaltigen Glück führen kann.

- wenn Sie näher ergründen wollen, ob und wie Dankbarkeit auch in schwierigen Lebensphasen möglich und unterstützend sein kann. Sie erfahren in diesem Buch, wie hilfreich und nährend Dankbarkeit gerade in Krisenzeiten sein kann und warum diese oft mit tiefen Gefühlen der Dankbarkeit einhergehen können.

Dankbarkeit ist ein Gefühl, das glücklich macht. Dass dies kein leeres Versprechen oder graue Theorie ist, habe ich in der intensiven Beschäftigung mit diesem Thema immer wieder erfahren können. Von daher bin ich dem Scorpio Verlag und meiner Lektorin Heike Mayer sehr dankbar für ihre Anfrage, dieses Buch zu schreiben. Ich wünsche mir sehr, dass für Sie, liebe Leserin, lieber Leser, der Glücksfunke der Dankbarkeit überspringt und Sie dazu inspiriert, diesem verbindenden Gefühl mehr Raum in Ihrem Leben zu geben.

1

Dankbarkeit ist mehr als »Danke« sagen

»Es ist ein lobenswerter Brauch, wer was Gutes bekommt, der bedankt sich auch.«

Wilhelm Busch (1832–1908),
Dichter und Zeichner

Die ältere Frau steht schon eine ganze Weile am Rand der mehrspurigen Straße und will sie offenkundig überqueren. Eine Ampel gibt es weit und breit nicht und der Autoverkehr fließt fast ohne Unterbrechung. Ab und zu gibt die Frau sich einen Ruck und setzt einen Fuß auf die Straße, um ihn dann schnell wieder zurückzuziehen. Aus einer Seitenstraße kommt ein junger Mann. Er sieht die Frau, bleibt kurz stehen, ändert seine Richtung und geht zu ihr. Er spricht sie an, nimmt ihren Arm und als der Autostrom kurz versiegt, führt er sie über die Straße. Auf der anderen Seite angekommen, wenden sich beide einander zu. Die Frau ergreift seine Hände, sieht ihn an und bedankt sich bei ihm, sichtlich gerührt. Der junge Mann lächelt, löst sich von ihr und läuft beschwingt davon.

Situationen wie diese kennen Sie vermutlich aus eigenem Erleben, möglicherweise aus beiden Blickwinkeln. Jemand bietet Ihnen unvermittelt seine Hilfe an, hält Ihnen eine schwere Eingangstür auf oder hebt etwas auf, was Ihnen runtergefallen ist – all dies sind Momente, in denen wir wohl alle ein angenehmes, wärmendes Gefühl empfinden, ein Gefühl der Dankbarkeit. Oder Sie sehen, dass der Mensch neben Ihnen stolpert, und Sie halten ihn, sodass er nicht fällt. Sie lassen die junge Frau an der Supermarktkasse vor, denn sie scheint es eilig zu haben. Oder Sie bieten einem älteren Herrn Ihren Sitzplatz im überfüllten Bus an – Augenblicke, in denen Ihnen vielleicht durch ein Lächeln, ein Wort, einen Gesichtsausdruck Dankbarkeit signalisiert wird und in denen Sie ein wohltuendes Gefühl der Verbundenheit erleben. Es sind ganz alltägliche Situationen, in denen aber viel geschieht: Sie werden gesehen, Ihnen wird Aufmerksamkeit zuteil und Ihnen wird etwas geschenkt, und umgekehrt, Sie nehmen den anderen Menschen wahr, erkennen, was er gerade braucht, und sind bereit, genau das zu geben.

Dankbarkeit ist die Fähigkeit und die Bereitschaft des Herzens, Zuwendung und Hilfe anzuerkennen, die uns im Leben entgegengebracht werden; es ist eine Form von Wertschätzung für das, was uns geschenkt wird, sei es materiell oder immateriell.

Diese kostbaren, gar nicht so seltenen Momente bringen uns mit der Kraft, mit dem Zauber der Dankbarkeit in Kontakt, damit, dass Dankbarkeit glücklich macht. In diesen Situationen zeigt sich, dass Dankbarkeit viel mehr ist als »Danke« sagen, wenn im Allgemeinen das Dankesagen auch ein wichtiger Teil des Ganzen ist. Denn in ihm drückt sich aus, dass wir das unverhoffte Geschenk der anderen Person, in welcher Form auch immer es daherkommen mag, sehen, annehmen und wertschätzen. Dankbarkeit schafft ein Band, sie verbindet, und das tut einfach gut – meistens zumindest. Dankbarkeit ist Beziehung. Sie initiiert Verbindlichkeit zwischen Menschen und hat damit immer auch eine soziale und gesellschaftliche Dimension. Sie ist Ausdruck oder Bestätigung einer Verbindung, so flüchtig diese auch sein mag.
Der oder die andere muss dabei noch nicht einmal ein konkreter, lebendiger Mensch sein. Wir können auch längst verstorbenen Menschen dankbar sein,

ebenso einer »höheren Macht«, die wir vielleicht Gott nennen oder Schicksal. Wir können der Evolution dankbar sein, die uns irgendwann hat aus dem Meer kriechen und in einem langen Entwicklungsprozess zum Mensch werden lassen, den staatlichen Organen, die uns zumindest hierzulande weitgehende Sicherheit und vielfältigen Schutz garantieren, unseren Eltern, die uns aufgezogen und sich um uns gekümmert haben, der Lehrerin, die uns immer wieder ermutigt hat, und so weiter. Kann man sich auch selbst dankbar sein? Manche Experten zum Thema Dankbarkeit bestreiten dies, eben weil Dankbarkeit eine Beziehung voraussetzt beziehungsweise ein Sich-selbst-in-Beziehung-Setzen zu einem anderen. Ich selbst halte es für möglich und habe es immer als sehr positiv erlebt, wenn ich mir selbst Dankbarkeit entgegenbringen konnte. In einem Interview mit der Journalistin und Autorin Barbara Stöckl, veröffentlicht in ihrem Buch *Wofür soll ich dankbar sein?*, spricht der Künstler André Heller davon, dass er auch sich selbst dankbar sei: »Dankbar für meine Geduld, meine Tapferkeit, meine mühsam entwickelte Fähigkeit, alle überflüssigen Sich-ins-Licht-Setzereien möglichst auszulassen, auch für das Herunterdimmen meines Egos und vieles mehr.«

Dankbar mir selbst gegenüber

- Überlegen Sie einmal, ob Sie sich selbst dankbar sind.
- Wenn ja, wofür oder in welchen Situationen?
- Geschieht es spontan?
- Oder stellen Sie sich manchmal bewusst diese Frage?
- Was löst sie aus?
- Was bewirkt sie?

Hindernisse für Dankbarkeit

Noch bis vor Kurzem schien es mir sehr häufig vorzukommen, dass auf ein »Vielen Dank«, »Danke schön« oder »Ich danke Ihnen« mit einem »Nichts zu danken« oder »Gar nicht für« oder »Das ist doch selbstverständlich« geantwortet wurde. (Inzwischen hat sich allmählich ein »Gerne« oder »Gern geschehen« eingebürgert.) Dabei ist die Wendung »Nichts zu danken« weit mehr als nur Ausdruck falscher Bescheidenheit: In dieser Formulierung steckt letztlich eine Zurückweisung, sie leugnet, dass es überhaupt zu einer Beziehung,

so flüchtig sie auch sein mag, zu einem »Geschenk«
gekommen ist. Damit verdeutlicht sie auch ein
Problem, das nicht wenige Menschen mit der
Dankbarkeit haben:

Was Dankbarkeit entgegenstehen kann

- Wenn Dankbarkeit als Verpflichtung erlebt
  wird. Und wer will sich schon gern verpflichtet
  fühlen?
- Wenn Dankbarkeit als Folge von erkannter
  Bedürftigkeit gesehen wird. Und wer will
  schon gern als bedürftig wahrgenommen
  werden?
- Wenn Dankbarkeit als Abhängigkeit erlebt
  wird. Und wer will sich schon gern abhängig
  fühlen?

Stellen Sie sich vor, Sie sind bei Bekannten zum
Essen eingeladen und wollen Ihren Dank für die
Einladung ausdrücken. Aber womit? Was ist ange-
messen? Was könnte die Gastgeber freuen? Womit
blamiert man sich nicht? Nicht selten sind solche
Überlegungen mit Stressgefühlen verbunden und
diese können die Freude an einer Einladung zumindest zeitweilig sehr überlagern. Das Gast-
geschenk soll zwar Dankbarkeit für die Einladung
ausdrücken, hat aber letztlich manchmal mehr mit

einem »Tauschgeschäft« zu tun. Wir fühlen uns zu Dankbarkeit verpflichtet, wissen, wir müssen uns »erkenntlich zeigen« oder gar »revanchieren«. Das aber ist im Allgemeinen der Tod herzerwärmender Dankbarkeit. Sich dankbar zu zeigen ist dann nicht primär mit Freude, Wertschätzung, Anerkennung, Großzügigkeit verbunden, die Dankbarkeit zu einer so erfüllenden Emotion machen, sondern mit Unsicherheit, Kalkül, vielleicht sogar einer gewissen Scham oder Peinlichkeit. Gefühlen also, denen sich niemand gern aussetzt.

»Sag Danke!« oder »Was ist das für ein schönes Geschenk! Dafür musst du dich jetzt aber bei der Oma, der Tante, dem Onkel … bedanken!« Sätze dieser Art kennen die meisten von uns aus Kindestagen. Dankbarkeit wird als soziale Norm eingeübt. Dabei zählt nicht in erster Linie die Freude, die ein Geschenk möglicherweise auslöst (oder auch nicht, denn wenn die Schwester ein vermeintlich größeres Geschenk bekommen hat, wird eher Neid als Dankbarkeit die gefühlsmäßige Reaktion sein), sondern die Konvention des »Das gehört sich so«. Nicht selten überträgt sich etwas von der Unsicherheit des Erwachsenen, der das Kind zum »Danke«-Sagen animieren will, weil er vor allem auf die Erfüllung sozialer Normen bedacht ist, auf das Kind selbst und hinterlässt Spuren. Diese können noch im Erwachsenenalter das Ausdrücken, aber auch das Empfangen von Dankbarkeit zu etwas recht Kompliziertem machen, das mit arg gemischten Gefühlen verbunden ist und damit auch etwas, das man am liebsten vermeidet.

Wenn Sie andere um etwas bitten, zeigen Sie, dass Sie Unterstützung brauchen, dass Sie etwas nicht alleine schaffen, dass Sie bedürftig sind – und das fällt vielen Menschen nicht leicht. Manchmal wird Ihnen aber auch einfach so (etwas) gegeben, ohne dass Sie eine Bitte geäußert haben. Ein anderer Mensch, möglicherweise ein fremder, hat gesehen, dass Sie Unterstützung brauchen, dass Sie bedürftig sind – und bietet Ihnen seine Hilfe an. Darauf mit »echter« Dankbarkeit zu antworten kann unter Umständen schwierig sein, denn es beinhaltet, dass wir dem anderen Menschen seine Sicht auf uns nicht übel nehmen, dass wir es uns erlauben, bedürftig zu wirken. Und das wiederum setzt voraus, dass wir uns unsere eigene Bedürftigkeit nicht verübeln, sondern sie akzeptieren.

Empfinden Sie Dankbarkeit für das, was andere für Sie getan haben, räumen Sie in gewisser Weise ein, abhängig von anderen zu sein und nicht jener vollkommen unabhängige Mensch, der alles, was er ist und sein wird, ausschließlich seinem eigenen Antrieb, Können, Fleiß, seiner eigenen Intelligenz, Beharrlichkeit und Cleverness zu verdanken hat.

Schon ein flüchtiger Blick auf die eigene Lebensgeschichte zeigt überdeutlich, dass nichts falscher sein könnte als die Vorstellung eines solchen unabhängigen Subjekts. Doch wir leben in einer Zeit des ausgeprägten Individualismus, in der wir uns gern als die wahren, autonomen Schöpfer unseres Lebens und unseres Glücks ansehen. Autonomie, Selbstständigkeit, Unabhängigkeit sind die vorherrschenden Werte unserer Leistungsgesellschaft. In Notsituationen zu geraten und von anderen etwas annehmen zu müssen widerspricht diesen Werten. Ebenso wenig wollen wir jemandem etwas schuldig sein, da wir uns dann nicht mehr frei fühlen. Erkennen wir dagegen an, wie grundlegend abhängig wir von anderen sind, und zwar in fast jeder Hinsicht, müssen wir von jenem heroischen Selbstbild Abschied nehmen. Damit einher geht manchmal ein Gefühl der Demut, eine Emotion, die heutzutage wenig zeitgemäß wirkt und daher ebenfalls gern vermieden wird.

So ist es kein Wunder, dass Dankbarkeit höchst unterschiedlich verstanden, erlebt und bewertet werden kann. Lange Zeit führte sie insgesamt eher eine Art Mauerblümchendasein, galt als etwas altmodische Tugend, eingeübt in der Erziehung, eingefordert durch soziale Normen. Auch in den Religionen spielte sie eine Rolle, aber deren Bedeutung hat bei uns im Westen insgesamt sehr abgenommen. Erst gegen Ende des letzten Jahrhunderts begann eine Entwicklung, die der Dankbarkeit zu einer neuen, großen Popularität verhalf und sie zu einem überaus beachteten, geschätzten Gefühl werden ließ.

Dankbarkeit: ein wichtiger Baustein für Glück und Wohlbefinden

»Dankbarkeit ist das Gefühl des Staunens, des Dankbarseins und der Feier des Lebens.«

Robert Emmons (*1958), amerik. Professor für Psychologie

Mit der Jahrtausendwende brach ein neues Zeitalter in der Psychologie an. Bis dahin hatte sich die psychologische Forschung vor allem mit seelischen Erkrankungen, ihren Entstehungsbedingungen, Therapiemöglichkeiten und Folgen für den Einzelnen und die Gesellschaft beschäftigt.

1998 forderte der amerikanische Sozialpsychologe Martin Seligman – er war zu jener Zeit Präsident der *American Psychological Association*, der weltgrößten Vereinigung von Psychologen und Psychotherapeuten – zu einem radikalen Richtungswechsel auf. Er ermutigte seine Kolleginnen und Kollegen dazu, ihre Aufmerksamkeit mehr auf das zu richten, was Menschen psychisch gesund erhält, was sie zufrieden und glücklich macht, trotz vielleicht schwieriger Lebensbedingungen und mancher Schicksalsschläge.

Positive Psychologie: Wie Menschen aufblühen

Die Zeit schien für einen so grundlegenden Perspektivwechsel reif gewesen zu sein und die Forschungsgelder flossen reichlich. Mittlerweile hat die Positive Psychologie, wie diese Richtung genannt wird, einen großen Einfluss auf die psychologische Forschung, die Psychotherapie und unsere Alltagspsychologie genommen. Waren es bis dahin vor allem Gefühle wie Angst, Depression, Wut, Neid, Hass, Einsamkeit usw., die im Mittelpunkt des Interesses und psychotherapeutischer Interventionen standen, so richtet sich der Blick nun zunehmend auf die sogenannten positiven Gefühle wie Freude, Wertschätzung, Heiterkeit, Interesse, Stolz, Mitgefühl, Vergnügen, Zufriedenheit, Liebe, Ehrfurcht – und Dankbarkeit .

Martin Seligman hat seinen Ansatz, den er zunächst als Theorie des authentischen Glücks bezeichnete, mittlerweile zu einer Theorie des Wohlbefindens verändert, in der es darum geht, die Eigenschaften und Bedingungen zu erforschen, die unser »Aufblühen« (engl. *flourishing*) ermöglichen oder begünstigen. *Menschen blühen auf durch Glück, Liebe, inneres Wachstum, bessere Beziehungen, wenn sie ihre Ziele erreichen, Sinn im Leben finden und durch Dankbarkeit.* Und wenn der Einzelne aufblüht, kann auch das Gemeinwesen, die Gesellschaft, aufblühen. Was liegt von daher näher, als herauszufinden, wie diese Aspekte im Leben des Einzelnen wirken, wie sie gestärkt werden können, welche Wechselbeziehungen zwischen ihnen bestehen und wie wir in guten wie in schlechten Tagen von ihnen Gebrauch machen und sie als Kraftquellen nutzen können?

Wie sich Dankbarkeit anfühlt

- Setzen Sie sich bequem, aber aufrecht hin. Schließen Sie, wenn möglich, die Augen, und wenden Sie sich mit Ihrer Aufmerksamkeit nach innen. Vielleicht bleiben Sie für eine Weile bei Ihrem Atem, um den Geist etwas zur Ruhe zu bringen.
- Erinnern Sie sich dann an eine Situation, in der Sie ein Gefühl der Dankbarkeit verspürt haben. Es kann sich dabei auch um einen kurzen, flüchtigen Moment handeln, etwas Kleines, es muss keine große, tiefe Erfahrung gewesen sein.
- Versuchen Sie sich zu vergegenwärtigen, wie sich das angefühlt hat. Welche körperlichen Empfindungen haben Sie erlebt? Was geschah in Ihrem Herzen? Wie wirkte sich dies auf Ihre Stimmung aus? Versuchen Sie, ins Spüren zu kommen und nicht auf der gedanklichen Ebene zu bleiben.
- Nach einer Weile richten Sie Ihre Aufmerksamkeit wieder auf den Atem und öffnen Sie dann die Augen. Während Sie im Buch weiterlesen oder andere Dinge tun, können Sie ab und zu nachspüren, ob und wie diese Empfindungen noch nachwirken und Ihre aktuelle Stimmung verändert haben.

Über die Wirksamkeit und den Einfluss positiver Gefühle auf unser Verhalten forscht seit vielen Jahren die US-amerikanische Psychologin Barbara Fredrickson. Ihre Arbeit hat auch den Dalai Lama sehr interessiert, der den Dialog zwischen Wissenschaft und den kontemplativen Traditionen engagiert fördert und selbst aktiv daran beteiligt ist, und sie konnte ihm 2010 ihre Ergebnisse vorstellen. Barbara Fredrickson entwickelte die viel beachtete Broaden-and-Build-Theorie. Diese besagt, dass negative Emotionen unseren Blickwinkel im Hinblick auf mögliche Handlungsalternativen einschränken, während positive Emotionen unseren Horizont erweitern (engl. *broaden*). Das vergrößert unsere Denk- und Handlungsspielräume. *Und so lautet ihre erste Kernthese, dass positive Emotionen unser Herz und unseren Geist öffnen und wir dadurch empfänglicher und kreativer werden. Eine insgesamt positive Lebenseinstellung macht uns, so die zweite Kernthese, zu glücklicheren Menschen, die besser mit sich und dem Leben zurechtkommen.* Öffnen wir unser Herz und unseren Geist, werden wir neue Fähigkeiten, neue Verbindungen, neues Wissen und neue Möglichkeiten entdecken, erforschen und aufbauen (engl. *build*).

> Da Dankbarkeit ein Gefühl ist,
> das glücklich macht, kann
> die Erinnerung an dankbare
> Momente in Ihrem Leben als
> Glücksbringer wirken.

Warum wir so leicht am Negativen kleben bleiben

Wenn positive Emotionen und eine positive Lebenseinstellung sich so gut anfühlen und so wunderbare Wirkungen haben, warum sind wir Menschen dann oft in eher negativen Geisteshaltungen verstrickt, warum sind wir oder unsere Gehirne nicht stärker auf Positives ausgerichtet oder programmiert? Darauf hat vor allem die Neurowissenschaft interessante Antworten gefunden.

Hätten sich unsere Vorfahren in grauer Vorzeit zu sehr in wohligen Erinnerungen an vergangene Erfolge und Errungenschaften gesonnt, sich ganz der Freude und Dankbarkeit hingegeben, statt auf der Hut zu sein (z. B. vor wilden Tieren), um im Ernstfall zu kämpfen oder wegzurennen, dann gäbe es uns vermutlich heute gar nicht. Die Menschheit hat nur überlebt, weil sie sich mehr auf das ausgerichtet hat, was schiefgehen könnte. Wir haben ein »katastrophisches« Gehirn, das eher das Negative als das Positive registriert. Diesem Erbe haben wir es zu verdanken, dass wir da sind, aber auch, dass Gefühle wie Angst, Wut und Sorgen stärkere Spuren in uns hinterlassen, uns oft viel vertrauter sind als Glücksgefühle und hartnäckige Gewohnheitsmuster ausgebildet haben.

Der Neurowissenschaftler Rick Hanson spricht davon, dass für negative Erfahrungen und Informationen das Klett-Prinzip gilt – sie bleiben in unserem Gehirn haften –, für positive dagegen ist das Teflon-Prinzip wirksam – sie perlen ab. Die gute Nachricht der Positiven Psychologie lautet aber: *Wir sind dem Negativitätsprinzip nicht machtlos ausgeliefert. Wir können positive Gefühle bewusst entwickeln und stärken. Und die Neurowissenschaft bestätigt: Unser menschliches Gehirn ist noch bis ins hohe Alter lernfähig und unsere Nervenzellen, Synapsen oder ganze Hirnareale können sich in ihren Eigenschaften verändern. Wir können durch Übung neue Verschaltungen anlegen und verstärken und gleichzeitig alte, indem wir sie nicht länger nutzen und damit kräftigen, allmählich verkümmern lassen.*

Positive Gefühle verstärken sich zudem wechselseitig und dadurch können wir, so Barbara Fredrickson, unser ganzes Leben psychologisch betrachtet in eine Art Aufwärtsspirale bringen. Wir werden auf diese Weise zwar nicht dauerhaft in himmlische Gefilde katapultiert, sondern immer noch auch negative Gefühle erleben. Doch wenn es uns gelingt, so haben ihre Forschungen ergeben, dreimal mehr positive Gefühle als negative zu erleben, dann können wir von einem glücklichen, gelungenen Leben sprechen. Wir sind als Menschen frei, uns dafür zu entscheiden, die vielleicht anfänglich zarten Pflänzchen positiver Gefühle zu hegen und zu pflegen, statt uns im Kampf mit dem Unkraut zu erschöpfen.

Die Glücksforschung geht mittlerweile davon aus, dass rund die Hälfte unserer Fähigkeit, glücklich zu sein, angeboren ist, etwa zehn Prozent von den Umständen abhängen, und wir die restlichen 40 Prozent selbst in der Hand haben. Das heißt, wir können unser Glücklichsein zu einem beträchtlichen Teil selbst bewirken. Was für eine gute, hoffnungsvolle Nachricht!

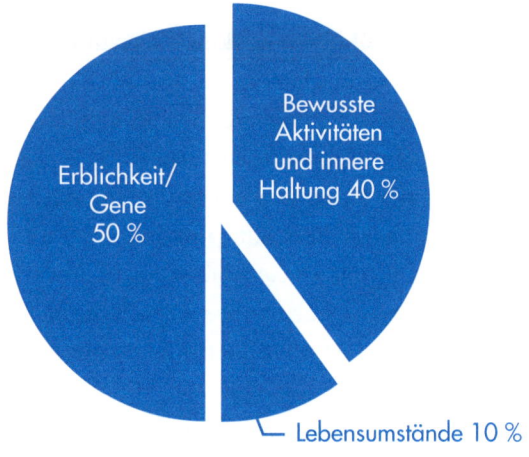

Erblichkeit/
Gene
50 %

Bewusste
Aktivitäten
und innere
Haltung 40 %

Lebensumstände 10 %

In Barbara Fredricksons Werkzeugkasten zur Stärkung des positiven Potenzials in unserem Leben befinden sich zwölf Werkzeuge, zu denen unter anderem Offenheit, gute zwischenmenschliche Beziehungen, Achtsamkeitsmeditation, Kraft tanken in der Natur, positive Gefühle auskosten – und Dankbarkeit gehören. Neben der Dankbarkeit werden Sie in diesem Buch auch einigen der anderen Werkzeuge begegnen, denn letztlich ist es deren Zusammenwirken, das uns ein erfülltes Leben beschert.

Was macht Sie dankbar?

- Setzen Sie sich bequem und dabei aufrecht hin. Schließen Sie, wenn möglich, die Augen, und wenden Sie sich mit Ihrer Aufmerksamkeit nach innen. Vielleicht bleiben Sie für eine Weile bei Ihrem Atem, um den Geist etwas zur Ruhe zu bringen.
- Erinnern Sie sich dann an eine Situation, in der Sie ein Gefühl der Dankbarkeit verspürt haben. Was genau hat dieses Gefühl ausgelöst?
- Fallen Ihnen noch andere Situationen ein?
- Nach einer Weile richten Sie Ihre Aufmerksamkeit wieder auf den Atem und öffnen Sie dann die Augen.

Wenn Sie mehr über die konkreten Auslöser von Dankbarkeit in Ihrem Leben wissen, können Sie ausprobieren, ob und wie Sie diese bewusst herbeiführen können.

Dankbarkeit gilt also mittlerweile längst nicht mehr als verstaubte Tugend aus Großmutters Zeiten, sondern als sehr wichtiger Baustein eines glücklichen Lebens. Die Psychologin Sonja Lyubomirsky führt in ihrem Buch *Glücklich sein* mehrere Gründe auf, warum Dankbarkeit langfristig glücklich macht: *Wer dankbar ist, kann positive Erfahrungen mehr genießen und erlebt weniger negative Gefühle wie Ärger, Eifersucht, Groll oder Schuld. Sie können einfach nicht gleichzeitig dankbar und ärgerlich oder feindselig sein. Von daher ist Dankbarkeit eine wunderbare Arznei gegen Ärger, Wut und andere uns oft plagende Emotionen.*

Dankbarkeit ist aber auch für unsere körperlich-seelische Gesundheit ausgesprochen förderlich. Das hat vor allem Robert Emmons zeigen können, der als weltweit führender Experte auf dem Gebiet der Dankbarkeitsforschung gilt. In seinem Buch *Gratitude Works!* fasst er die Ergebnisse zahlreicher Studien zusammen: Regelmäßig praktizierte Dankbarkeit hat große und nachhaltige Wirkungen auf das körperliche wie seelische Wohlergehen und weist eine stärkere Verbindung zu seelischer Gesundheit und Lebenszufriedenheit auf als jede andere innere Haltung, sogar mehr als Optimismus, Hoffnung oder Mitgefühl. Wissenschaftliche Untersuchungen belegen: *Dankbarkeit stärkt das Immunsystem, steigert Energie, Wachheit, Enthusiasmus und Vitalität, verbessert den Umgang mit Stress, unterstützt Gefühle von Sinnhaftigkeit und wirkt positiv auf das Herz-Kreislauf-System und die Blutdruckregulation. Sie stärkt das Selbstwertgefühl und lässt uns leichter mit Belastungen umgehen.* Wer dankbar ist, verhält sich hilfsbereiter, und das wiederum verbessert die eigenen sozialen Beziehungen. Dankbarkeit hat sich in den Forschungen zu den Auswirkungen positiver Gefühle auf unsere körperlich-seelische Gesundheit immer wieder als eine der machtvollsten Kraftquellen herausgestellt.

Gefühle »füttern«

Es gibt also mehr als genug Gründe, der Dankbarkeit dankbar zu sein, sie aktiv zu nutzen, um Kraft aus ihr zu schöpfen, und ihr einen wichtigen Platz im eigenen Leben einzuräumen. Ob wir sie nun wie Robert Emmons als »Königsweg zu einem dauerhaften Glück« oder wie der römische Staatsmann und Philosoph Marcus Tullius Cicero als »die Mutter aller Tugenden« ansehen: Sie ist ein sehr kostbares Gefühl, das sowohl spontan auftauchen als auch bewusst von uns hervorgerufen und kultiviert werden kann.

Als Gefühl ist die Dankbarkeit wie alles dem Prozess des Entstehens, Daseins und Vergehens unterworfen. Die Gehirnforschung hat die »90-Sekunden-Regel« formuliert, die besagt, dass ein Gefühl von dem Moment, in dem es ausgelöst wird, bis zu dem Augenblick, wo es sich wieder auflöst, nicht länger als 90 Sekunden dauert. Warum sind wir dann aber oft stundenlang wütend oder ärgerlich? Wir sind es, weil wir die Lebensdauer der Emotionen durch unsere Gedanken und Geschichten, die wir um sie herumstricken, künstlich verlängern. Im Falle schwieriger Gefühle wie Angst, Wut, Neid, Groll eröffnet uns die 90-Sekunden-Regel die Chance, uns einzig auf das Empfinden dieses kurzlebigen emotionalen Feuers zu konzentrieren, ohne es durch Geschichtenerzählen weiter zu füttern. Dann wird es höchstens 90 Sekunden in uns wüten oder glimmen und danach haben wir wieder Raum für anderes. Dagegen können wir in Bezug auf positive Emotionen wie Freude, Wertschätzung, Dankbarkeit bewusst und gezielt daran arbeiten, ihre Verweildauer und Intensität durch unsere Gedanken zu verlängern und zu stärken.

Die Positive Psychologie und die Neurowissenschaften haben den unschätzbaren Wert positiver Gefühle für ein erfülltes, gesundes Leben erkannt und erforscht. Dabei hat sich die Dankbarkeit als eine besonders wirksame Kraftquelle erwiesen. Doch die Psychologen haben es nicht bei der Theorie belassen, sondern eine Reihe von Übungen entwickelt, die Ihnen dabei helfen können, zu größerer innerer Zufriedenheit und mehr Wohlbefinden zu gelangen, Ihr Leben in eine Aufwärtsspirale zu bringen und »aufzublühen«.

2

Wofür bin ich dankbar? - Dankbarkeit ausdrücken

»Dankbarkeit zu fühlen und sie nicht auszudrücken, das ist wie ein Geschenk zu verpacken und es nicht zu verschenken.«

William Arthur Ward (1921–1994),
Methodist und Autor

In diesem Kapitel möchte ich Ihnen zunächst einige bewährte und erprobte Möglichkeiten vorstellen, wie Sie der Dankbarkeit einen größeren Raum in Ihrem eigenen Leben geben können. Anschließend geht es um einige der vielen Alltagssituationen, in denen Dankbarkeit eine (größere) Rolle spielen könnte. Diese Anregungen sind eine Einladung, den großen Garten der Dankbarkeit im Alltag zu erkunden, die schönsten Blumen auszusäen und ihr Aufblühen zu genießen.

Das Dankbarkeitsbuch

Von dem israelisch-amerikanischen Psychologen Tal Ben-Shahar stammt die Idee eines *Dankbarkeitstagebuchs*. Er war davon überzeugt, dass Menschen ein größeres Maß an Zufriedenheit erfahren könnten, wenn sie täglich oder zumindest in sehr regelmäßigen Abständen aufschreiben würden, wofür sie dankbar sind.

Mittlerweile konnte diese Vermutung sogar wissenschaftlich untermauert werden. Robert Emmons und Mike McCullough führten dazu verschiedene Studien durch, bei denen es jeweils drei Versuchsgruppen gab. Die erste notierte zehn Wochen lang jeden Abend fünf Dinge, für die sie dankbar waren. Eine zweite schrieb fünf Ärgernisse des Tages auf, und bei der dritten Gruppe ging es um fünf wichtige Dinge, die an diesem Tag geschehen waren. Das Ergebnis war eindeutig: Die Teilnehmer der Dankbarkeitsgruppe waren optimistischer und zufriedener mit ihrem Leben. Zudem erlebten sie sich als physisch und psychisch gesünder.

Bei einer weiteren Untersuchung mit Erwachsenen, die unter chronischen Krankheiten litten, ließ sich ein ähnlicher Effekt nachweisen: Die Probanden der Dankbarkeitsgruppe erlebten mehr positive Gefühle (Interesse, Begeisterung, Freude, Stolz), fühlten sich sozial verbundener und schliefen besser als die Teilnehmer der Kontrollgruppen. Um herauszufinden, wie nachhaltig dieser Effekt ist, variierten die Forscher bei der Übung die Häufigkeit des Notierens. Wieder sollten die Teilnehmer regelmäßig in ihrem Tagebuch fünf Dinge festhalten, die sie erlebt hatten und für die sie dankbar waren.

Eine Gruppe tat dies nur einmal wöchentlich, und zwar immer am Sonntagabend als Rückschau auf die vergangene Woche. Eine zweite Gruppe schrieb dreimal pro Woche: am Dienstag, am Donnerstag und am Sonntag. Bei den Teilnehmern beider Gruppen konnte kurzfristig ein deutlicher Anstieg von Gefühlen der Dankbarkeit und Wertschätzung festgestellt werden. Doch langfristig glücklicher waren nur die Teilnehmer der Gruppe, die lediglich einmal pro Woche ihr Dankbarkeitsbuch schrieben. Die Forscher vermuten, dass die Übung eher zu einer mechanisch ausgeführten Routine wird und damit an Wirkung verliert, wenn man sie zu oft macht.

Ein Dankbarkeitsbuch ist also ein erprobtes Mittel, mit dem Sie sich Situationen und Ereignisse vergegenwärtigen können, in denen Sie Dankbarkeit empfunden haben, oder sich an Menschen erinnern können, denen Sie dankbar waren. Das Schöne daran ist, dass die Erinnerung an dankbare Gefühle Ihnen zu mehr Freude und Glück in der Gegenwart verhilft. Geschieht das nicht, läuft etwas schief. Manchmal neigen wir dazu, uns irgendwelche Programme zu verordnen und ihnen sklavisch zu folgen, weil sie angeblich für die Persönlichkeitsentwicklung gut sein sollen. Das mag grundsätzlich stimmen, kann aber dennoch in bestimmten Lebenssituationen nicht das Richtige für uns sein.

Ein Dankbarkeitsbuch zu führen sollte für Sie nicht zu einer lästigen Pflicht werden, die Sie neben den vielen ohnehin schon zu bewältigenden Dingen auch noch erledigen zu müssen glauben. Diese Praxis sollte zu mehr Dankbarkeit, Glück, Freude und Wertschätzung in Ihrem Leben führen und nicht noch Ihren Stress vergrößern. Experimentieren Sie also mit dem Dankbarkeitsbuch. Zu manchen Zeiten ist ein abendlicher schriftlicher Tagesrückblick am sinnvollsten und lässt Sie dankbar einschlafen. Dann wieder mag es Phasen geben, in denen es etwas Gezwungenes, Unlebendiges haben mag, wenn Sie sich abends, mit einem Dankbarkeitsbuch vor sich, partout an etwas erinnern wollen, wofür Sie dankbar waren und was Sie aufschreiben können. Nehmen Sie in diesem Fall auch Ihren Widerstand gegen diese Übung ernst. Vielleicht hat er Ihnen etwas zu sagen, will nicht einfach nur überwunden werden. Inspirierender mag es in solchen Phasen sein, wenn Sie sich nur ab und zu dankbare Momente vergegenwärtigen.

Wichtig bei einem Dankbarkeitsbuch ist, dass Sie konkrete Ereignisse und Begebenheiten notieren, scheinbare Kleinigkeiten, die ohne diese Vergegenwärtigung vielleicht gar nicht in Ihrem Gedächtnis blieben. Es rettet Ihnen nicht täglich jemand das Leben oder bietet Ihnen eine Traumstelle an, und Sie sollten nicht auf solche Ereignisse warten, um Ihr Dankbarkeitsbuch endlich einmal aufschlagen zu können. Bei genauem Hinschauen werden Sie erkennen, dass Ihnen fortwährend von anderen gegeben wird – Freundlichkeit, Rücksichtnahme, Hilfe und Unterstützung, sei es, dass Ihnen jemand die Tür aufhält, wenn Sie mit Ihren Einkaufstaschen beladen das Geschäft verlassen wollen, der Busfahrer für Sie die Tür noch einmal öffnet, Ihnen eine Freundin anbietet, für Sie einen lästigen Behördengang zu übernehmen, wenn Sie keine Zeit dafür finden.

Solche Erlebnisse aufzuschreiben hat im Allgemeinen eine nachhaltigere Wirkung, als sie einfach nur gedanklich Revue passieren zu lassen. Wenn Sie etwas mit Bewusstheit aufschreiben, findet gewissermaßen eine emotionale Rückkoppelung statt, da das Notierte eine eigene Energie entwickelt, die wiederum positive Gefühle weckt.

Es ist, zumindest zu Beginn, sinnvoll, wenn Sie sich für eine bestimmte Regelmäßigkeit entscheiden (täglich, zwei- bis dreimal die Woche, einmal wöchentlich) und diese auch einhalten. Erfahrungsgemäß versanden Vorhaben, wie regelmäßig zu joggen, ins Fitnessstudio zu gehen oder eben ein Dankbarkeitsbuch zu führen, schnell, wenn man sie nur von den eigenen Stimmungen und Launen abhängig macht. Nur durch zunächst regelmäßige Übung werden Sie ein Gefühl für die Wirksamkeit dieser Praxis bekommen. Das gilt natürlich für (fast) jede Übung.

ÜBUNG

Das Dankbarkeitsbuch

- Schreiben Sie fünf Dinge auf, für die Sie dankbar sind.
- Finden Sie dafür einen für Sie stimmigen Rhythmus, z. B. täglich/jeden zweiten Tag/einmal die Woche. Ein Satz für jedes Ereignis genügt. Tun Sie das zunächst einen Monat lang.

Der Dankbarkeitsbrief

Manchmal ist es, aus welchen Gründen auch immer, nicht möglich, jemandem in einer persönlichen Begegnung zu danken. Dann könnten Sie einen Dankesbrief schreiben.

Ein Dankesbrief kann große Wirkung entfalten, selbst wenn er vielleicht nie abgeschickt wird, die Adressatin vielleicht längst verstorben ist oder es gar keinen persönlichen Ansprechpartner für den Brief gibt.

Ganz gleich, ob der Brief jemals von dem anderen Menschen gelesen wird: Es ist sinnvoll, wenn er sehr konkret und persönlich gehalten ist und Sie sich darin Einzelheiten und Erfahrungen vergegenwärtigen, für die Sie dem anderen dankbar sind.

ÜBUNG

Einen Brief schreiben

- Schreiben Sie einem Freund, einer Freundin einen Brief nach dem Motto: Wofür ich dir immer schon mal Danke sagen wollte!

- Überlegen Sie erst am Ende, ob Sie den Brief tatsächlich abschicken wollen oder nicht.
- Nehmen Sie während des Schreibens Ihre Gefühle wahr.

Ambivalente Gefühle

Oft verbinden wir mit Menschen sowohl positive Erinnerungen als auch solche, die für uns schwierig oder leidvoll sind, gerade wenn es sich um uns Nahestehende handelt wie zum Beispiel die eigenen Eltern. Auch wenn wir unserer Mutter oder unserem Vater meist sehr, sehr viel zu verdanken haben, ist die Beziehung zu ihnen häufig nicht einfach oder nur von angenehmen Erinnerungen geprägt. Von daher kann es eine Selbstüberforderung sein, wenn wir an uns den Anspruch haben, einen Dankesbrief an unsere Mutter oder unseren Vater zu schreiben. Es kann aber auch heilsam sein und unsere Sicht auf Vergangenes so verändern, dass wir für uns selbst mehr Frieden mit der Vergangenheit schließen können. Wenn wir zum Beispiel unserer Mutter einen Brief schreiben, in dem wir ihr für das danken, was sie für uns getan hat, richten wir uns auf die Aspekte in unserer Beziehung aus, für die wir dankbar sind – unabhängig davon, welche anderen, schwierigen Aspekte auch noch da sein mögen. Dies wird eine positive Wirkung auf uns haben, selbst wenn wir diesen Brief nie abschicken oder die Mutter bereits verstorben ist.

Das Entscheidende ist: Wir verändern unsere Sichtweise. Manchmal öffnet das auch den Raum für eine Versöhnung oder zumindest für eine versöhnlichere Perspektive. Wir verschaffen uns damit außerdem größere emotionale Freiheit. Nicht ausgedrückter Dank bindet uns nämlich an die, die uns Gutes getan haben, und das kann in gewisser Weise blockierend sein.

Einen Dankesbrief können Sie auch an sich selbst schreiben. Sie können sich danken für das, was Sie vielleicht trotz widriger Umstände geschafft haben, können sich danken für Ihre Ausdauer, Ihren Mut, Ihr Bemühen, Ihre Offenheit. Sie fördern damit nicht nur Gefühle der Dankbarkeit und Freude, sondern stärken auch die Liebe und Wertschätzung für sich selbst – ein nicht unwesentlicher Baustein für Ihr Aufblühen und die Aufwärtsspirale, in die Sie Ihr Leben bringen können.

Der Dankbarkeitsbesuch

Bei der folgenden Übung geht es darum, dass Sie sich an einen Menschen erinnern, der in der Vergangenheit etwas getan oder gesagt hat, das Ihr Leben zum Besseren verändert hat oder das Ihnen den Mut gab, neue Wege zu beschreiten und Alteingefahrenes aufzugeben. Vielleicht haben Sie diesem Menschen gegenüber niemals Ihre Dankbarkeit ausgedrückt.

ÜBUNG

Was ich dir einmal sagen wollte

- Schreiben Sie einem Menschen, dem Sie dankbar sind, einen Brief, in dem Sie ganz konkret ausführen, was er für Sie getan hat, wie das Ihr Leben in neue Bahnen gelenkt hat und wie oft Sie sich daran noch heute mit Dankbarkeit erinnern.
- Melden Sie sich dann bei ihm mit dem Wunsch, ihn zu besuchen oder zu treffen. Nennen Sie aber nicht den Grund für Ihr Anliegen.
- Bei der Begegnung lesen Sie den Brief vor und sprechen anschließend über den Inhalt und Ihre Gefühle.

Diese Dankbarkeitsübung geht auf Martin Seligman zurück, der seine Studenten damit beauftragt hatte, eine Übung zu entwickeln, die dann als Hausaufgabe verwendet werden sollte. Seligman zufolge hat sie zu überaus positiven und sehr nachhaltigen Veränderungen im Leben vieler Studenten geführt.

Tipps für (fast) jede Gelegenheit

Dankbarkeit aktiv auszudrücken und sie nicht nur im stillen Kämmerlein zu kultivieren, um sich so in bessere Stimmung zu versetzen, ist auch ein ganz wesentlicher Aspekt eines guten zwischenmenschlichen Miteinanders. Manchmal ruft die Dankbarkeit selbst danach, sich mitzuteilen und die erlebte Freude weiterzugeben. Doch mag es nicht immer einfach sein, die für sich persönlich beste und angemessenste Form zu finden, jenseits von sich verpflichtet fühlen, sich revanchieren oder erkenntlich zeigen zu wollen, von Unsicherheit und automatisierten Danksagungen. Wir verfügen leider nicht über eine ausgereifte Kultur der Dankbarkeit, aus deren Fülle wir einfach schöpfen könnten. So müssen wir selbst kreativ und einfallsreich sein:

- Bedanken Sie sich lieber einmal zu viel als einmal zu wenig. Bleiben Sie dabei aber authentisch.

- Schauen Sie Ihr Gegenüber an, wenn Sie etwas entgegennehmen, etwas bestellen, abholen oder bezahlen. Und auch, wenn Sie sich bedanken. Menschen freuen sich, wenn sie wahrgenommen werden und sich gemeint fühlen können.

- Wenn Sie sich in einem Restaurant gut bedient gefühlt haben, ist das einen besonderen Dank wert. Geben Sie mehr Trinkgeld als sonst. Bei einer Trinkgeldkasse im Coffee-Shop oder in einer Kneipe mit Selbstbedienung können Sie eine kleine, handgeschriebene Notiz mit ein paar dankenden Worten dazulegen.

- Danken Sie dem Busfahrer beim Aussteigen mit einem »Danke fürs Mitnehmen«.

- Denken Sie daran: Dankbarkeit hat mit Beziehung zu tun. Gehen Sie also nicht nur mit Tunnelblick und gesenktem Haupt durch die Straßen, sondern sehen Sie ab und zu die Menschen, die Ihnen entgegenkommen, an und lächeln Sie ihnen vielleicht sogar zu.

Das geht auch in öffentlichen Verkehrsmitteln. Ich habe die Erfahrung gemacht, dass dies zu wirklich beglückenden kurzen Begegnungen führen kann, denn die positiven Gefühle, die wir anderen entgegenbringen, und sei es durch einen freundlichen Blick, kommen zu uns zurück und können manchmal ungeahnte emotionale Aufwärtsspiralen in Gang setzen.

- Wenn Ihnen jemand einen Gefallen getan hat (während Ihres Urlaubs die Blumen gegossen, immer wieder Pakete für Sie angenommen hat usw.), dann überlegen Sie doch einmal, wie Sie ihm wirklich eine Freude machen, ihm etwas Gutes tun können, jenseits des Üblichen, Routinierten.

- Suchen Sie in Ihrer Partnerschaft, in Ihren Freundschaften nach neuen Wegen, Ihre Dankbarkeit und Wertschätzung auszudrücken. Bei Menschen, die wir lieben und schätzen, meinen wir oft, sie wüssten ja, wie kostbar sie uns sind. So bringen wir gerade ihnen meist viel zu selten offene, direkte Dankbarkeit entgegen oder bewegen uns nur auf den ausgetretenen Pfaden. Dabei ist es für beide Seiten bereichernd, wenn Dankbarkeit und Wertschätzung ausgesprochen oder gezeigt werden. (Siehe dazu auch das Kapitel über Dankbarkeitsrituale, Seite 53.)

- Dankbarkeit weckt den Wunsch in uns, der Welt etwas von dem zurückzugeben, was wir bekommen haben. Machen Sie auch einmal Geschenke, seien sie materieller oder ideeller Art, mit der Absicht, einem anderen Menschen eine Freude zu machen, ohne dass dieser erfährt, dass Sie der/die Gebende sind.

- Sprechen Sie öfter aus, was Sie an einem anderen Menschen mögen, was Sie an ihm schätzen, wofür Sie ihn vielleicht bewundern. Wofür Sie ihm dankbar sind. Finden Sie häufiger lobende Worte für das, was er für Sie getan hat oder was er Ihnen bedeutet.

- Auch wenn Sie auf einer Sachebene anderer Meinung als Ihr Gegenüber sein können, so ist in jedem Fall auch seine Perspektive wertvoll, denn sie erweitert Ihre Sicht. Auf diese Tatsache können Sie versuchen, mit Dankbarkeit zu reagieren, statt im Inneren nach den besseren Argumenten zu suchen oder sich zu ärgern, dass der andere Ihre Ansichten nicht teilt.

- Dankbarkeit und Wertschätzung lassen sich auf vielerlei lohnende, nichtmaterielle Art und Weise konkret ausdrücken. Schenken Sie Ihren Nächsten mehr liebevolle Aufmerksamkeit. Schenken Sie ihnen Ihr offenes Ohr. Schenken Sie ihnen Ihre Zeit (zum Beispiel zum Geburtstag) oder laden Sie sie häufiger zu gemeinsamen Unternehmungen ein (Konzert, Sauna, Kino, Wandern, Ausstellung).

- Überlegen Sie sich, was Sie an einem anderen Menschen, mit dem Sie zu tun haben, schätzen könnten, selbst wenn Sie vollkommen unterschiedliche Auffassungen vertreten. Wenn Sie dies dem anderen auch noch mitteilen, kann das die Atmosphäre sehr entspannen.

- Wenn Sie mit einem Freund, einer Kollegin, einer Bekannten einen schönen Abend verbracht haben, schicken Sie ihm oder ihr eine Textnachricht oder E-Mail und bedanken Sie sich noch einmal dafür.

- Abschiede und Endpunkte sind gute Anlässe fürs Dankesagen. Ein Ende lädt dazu ein, Bilanz zu ziehen, was das Gute an dem Ereignis, der Begegnung, dem Ort gewesen ist.

Wenn möglich können Sie sich darüber auch mit den anderen Beteiligten austauschen. Wenn Sie genauer hinschauen, werden Sie merken, dass auch während eines ganz normalen Tages häufig etwas endet. Bewusst wahrgenommen, können solche Momente ebenfalls Anlass zum Dank sein.

- Schaffen Sie an Ihrem Arbeitsplatz eine Atmosphäre der Wertschätzung und Dankbarkeit. Bedanken Sie sich, wenn Kollegen oder Mitarbeiterinnen etwas für Sie erledigt haben. Wissen Sie, womit Sie ihnen eine Freude machen können?

- Überlegen Sie sich konkrete Dinge, wie Sie in Ihrem Arbeitsumfeld ein besseres Klima schaffen können. Zum Beispiel: Sie erledigen ab und zu für den Kollegen eine Tätigkeit, die er nicht mag; Sie bringen gelegentlich etwas zu essen mit; Sie sind freundlicher und zugewandter. Überprüfen Sie nach einer Weile, ob sich die Arbeitsatmosphäre dadurch verbessert hat.

- Bedienen Sie sich im Berufsleben, aber auch in Ihrem Bekannten- und Freundeskreis einer

wohlwollenden, wertschätzenden Sprache.
Sie können andere nicht davon abhalten, zu
tratschen und über Abwesende herzuziehen,
aber Sie müssen sich nicht daran beteiligen
oder können durch Ihre Art des Sprechens
einen anderen Ton ins Spiel bringen, ver-
körpern, dass es auch anders geht.

- Schreiben Sie sich selbst ab und zu einen Brief,
  in dem Sie aufführen, wofür Sie sich dankbar
  sind. Danken Sie sich auch für das, was Sie
  versucht, aber vielleicht nicht geschafft haben.
  Etwas versucht zu haben ist ein mutiger Schritt,
  der Anfang einer Reise.

- Genießen Sie das Gefühl, wenn Ihnen andere
  für etwas danken, das Sie getan haben oder das
  Sie können. Machen Sie sich nicht in falscher
  Bescheidenheit klein oder wiegeln Sie ab – dem
  anderen wie sich selbst gegenüber.

- Kleben Sie ein Post-it an den Kühlschrank,
  an den Spiegel oder den Computerbildschirm,
  auf dem Sie sich dafür danken, dass Sie da und
  dazu noch ein so liebenswerter Mensch sind
  (das lässt sich auch gut auf andere Menschen,
  Partner, Kinder übertragen).

- Denken Sie öfter darüber nach, wie Sie sich selbst eine Freude machen können. Und belassen Sie es nicht nur bei den Gedanken, sondern setzen Sie Ihre Ideen auch um.

Je mehr Sie den Garten der Dankbarkeit kreativ bestellen, desto mehr werden Wertschätzung und Dankbarkeit den Charakter des eher Zufälligen, Situativen, kurzfristig Gefühlsmäßigen verlieren und zu einer prägenden Lebenshaltung werden. Das eröffnet Ihnen den Weg von einer Dankbarkeit, die als erlebtes Gefühl glücklich macht, zur Dankbarkeit als Haltung. Sie führt zu einem nachhaltigen Glück, das in einem sinnerfüllten Leben gründet.

3

Dankbarkeit als Lebenskunst

»Wir sind glücklich, weil wir dankbar sind;
wir sind nicht dankbar, weil wir glücklich sind.«

David Steindl-Rast (*1926),
Benediktinermönch
und spiritueller Lehrer

»Als ich nach meinem Herzinfarkt die Klinik verließ und draußen an der frischen Luft in den Himmel hinaufschaute, da durchströmte mich ein so tiefes Gefühl der Dankbarkeit, und zum ersten Mal verstand ich wirklich, dass das Leben ein Geschenk ist, es uns gegeben ist. Und dazu musste ich so alt werden, um das zu erkennen«, sagt lächelnd die mittlerweile 88-jährige Zen-Lehrerin Blanche Hartmann bei einem Gespräch, das wir im November 2011 im Zen-Zentrum von San Francisco führten, und ihr Gesicht erstrahlt in der Erinnerung an diesen besonderen Moment.

Solche Momente kennen Sie vielleicht auch, Augenblicke, in denen uns plötzlich in überwältigender Deutlichkeit klar wird: *»Unser Dasein, die Welt: alles unverdient. Und wenn alles Geschenk ist, dann ist die einzig passende Antwort: Dankbarkeit.«* So sieht es jedenfalls der ebenfalls 88-jährige Benediktinermönch David Steindl-Rast. Für mich ist er der »Vater« der Dankbarkeit als Lebenskunst beziehungsweise als spirituelle Praxis. Unendlich dankbar erinnere ich mich an persönliche Begegnungen mit ihm, in denen ich erleben durfte, wie jemand Dankbarkeit als Lebenshaltung nicht nur »predigt«, sondern wirklich mit jeder Faser seines Seins verkörpert.

Die Haudenosaunee (so die Eigenbezeichnung der Irokesen, eines Stammes nordamerikanischer Ureinwohner) sprechen davon, dass Worte der Dankbarkeit vor allen anderen Worten kommen. In ihren Ritualen, in denen sie der Sonne, dem Mond, dem Wasser, der Erde, dem Universum und allen Wesen danken, drückt sich, so die Tiefenökologin Joanna Macy, eine tiefe Selbstachtung und Würde aus, die – obwohl die Haudenosaunee so viel Schweres und Schreckliches erlebt haben – ungebrochen ist und einmal mehr von der Kraft der Dankbarkeit kündet.

Dankbarkeit ist für David Steindl-Rast die Quintessenz eines erfüllten Lebens. Denn sie öffnet das Herz, wirkt unmittelbar und ist jedermann zugänglich. Sie findet sich im Zentrum jeder Religion, ja ist seiner Meinung nach deren Wurzel, und setzt doch keinen Glauben an irgendwelche Dogmen oder komplizierte Rituale voraus.

Dankbarkeit stellt für Bruder David auch deshalb einen so anziehenden Weg der Spiritualität dar, weil die »Belohnungen« nicht lange auf sich warten lassen. Während es bei Zen, Yoga oder anderen spirituellen Praktiken manchmal recht lange dauern mag, bis sich »Erfolge« einstellen, werden sie bei der Dankbarkeit sofort spürbar – in Form von Freude, Wertschätzung und Glück.

Wenn wir Dankbarkeit als eine geistige Übung verstehen, verwirklichen wir Bruder David zufolge genau das, was jede spirituelle Tradition zu verwirklichen versucht: In dem Augenblick, in dem wir dankbar sind, sind wir nämlich im Hier und Jetzt. Und sind wir im Hier und Jetzt, sind wir ganz wir selbst.

So verstandene Dankbarkeit ist nichts abgehoben Esoterisches oder Exklusives, das Sie aus den Alltagsgegebenheiten in höhere Sphären der Glückseligkeit erhebt. Sie ist eine Art Lebenskunst, eine Haltung, die Sie anderen, sich selbst, dem Leben, der Welt entgegenbringen. Und zwar grundsätzlich und nicht mehr abhängig von Gefühlen, Stimmungen und Launen. Sie zeigt sich darin, wie Sie sich bei der jungen Frau bedanken, die Ihnen den bestellten Tee bringt, wie Sie sich dankbar daran erinnern, dass Ihnen der Paketbote ein schweres Paket in den vierten Stock gebracht hat. Aber Sie betrachten diese Begebenheiten nicht länger als singuläre Ereignisse, sondern als eingebettet in einen größeren Zusammenhang, in dem letztlich alles Geschenke und Gaben sind.

Diese Haltung eignen wir uns nicht von jetzt auf gleich und ein für alle Mal an, zumal sie in vielem unserer Erziehung und unseren Gewohnheitstendenzen widerspricht, nämlich eher den Mangel als die Fülle zu sehen, das Negative eher als das Positive. Dankbarkeit als Lebenskunst ist ein Weg, der Sie, während Sie ihn beschreiten, von Beginn an mit den schönsten Ausblicken belohnt, der manchmal aber auch durch steiniges Gelände führt, wo eine Orientierung schwerfallen mag. Es ist ein Übungsweg, und wie alle diese Wege keiner, der linear und auf der kürzesten Strecke von A nach B führt, sondern der eher in Form einer Spirale verläuft. Sie werden denselben Hindernissen und Fallstricken immer und immer wieder begegnen, aber stets aus einer etwas anderen Perspektive – und irgendwann sind sie dann vielleicht verschwunden oder nicht mehr in Ihrem Blickfeld. Der Einstieg gelingt am einfachsten in Zeiten, in denen es Ihnen gut geht und es Ihnen leichtfällt, sich, Ihr Umfeld, ja die ganze Welt mit den Augen der Dankbarkeit zu betrachten.

Dankbarkeitsrituale

»Wir sind, was wir wiederholt tun.«

Aristoteles (384–322 v. Chr.),
griech. Philosoph

Um eine neue Sichtweise und Haltung tatsächlich für das eigene Leben prägend werden zu lassen, haben sich Rituale als sehr hilfreich erwiesen. Sie unterstützen uns nachweislich darin, Dankbarkeit tiefer in unser Gehirn bzw. unseren Geist zu verankern. Ihre Wirksamkeit basiert nicht zuletzt auf der regelmäßigen Wiederholung, denn dadurch werden die entsprechenden neuronalen Verschaltungen mit der Zeit immer kräftiger und eine dankbare Haltung immer selbstverständlicher.

Unser Alltagsleben ist voller Rituale, auch wenn uns das so nicht bewusst sein mag: morgendliche und abendliche Reinigungsrituale im Bad; Kaffee und Zeitunglesen vor dem Gang zur Arbeit; wir bleiben vor roten Ampeln stehen und bewegen uns bei Grün; im Büro machen wir als Erstes den Computer an und das Fenster auf; samstags gehen wir auf den Wochenmarkt; sonntagabends sehen wir den »Tatort« usw. Wir haben allerdings wenige Rituale, die darauf abzielen, uns glücklich, dankbar, mitfühlend, wertschätzend und hilfsbereit zu machen. Traditionellerweise sind Religionen die Bereiche sinnstiftender Rituale, doch deren Bedeutung ist in den letzten Jahrzehnten eher geschwunden. *Umso wichtiger ist es, dass wir selbst neue Rituale entwickeln oder religiöse Rituale, die für uns keinen Sinn mehr ergeben, so verändern und neu formulieren, dass sie als Kraftquellen für uns wieder funktionieren.*

Im Folgenden finden Sie einige Dankbarkeitsrituale, die Sie erproben und unter Umständen mit eigenen Formulierungen für sich stimmiger machen können. Auch hier liegt die Wirksamkeit in der regelmäßigen Wiederholung. Dafür ist es sinnvoll, ein Ritual für eine gewisse Zeit in einem festen Rhythmus zu wiederholen (täglich, wöchentlich), um ein Gespür von dessen Kraft zu bekommen und es zu einer (guten) Gewohnheit werden zu lassen.

Nach dem Aufwachen am Morgen

Im Bett liegend nehmen Sie Ihren Körper wahr und den Kontakt zur Unterlage. Entspannen Sie sich mit einigen bewussten Atemzügen in die Unterlage/die Matratze hinein. Sagen Sie dann leise für sich:

Ich danke dir, Mutter Erde, dass du mich trägst. Ich danke dir, Mutter Erde, dass du immer für mich da bist, dass du für alle Lebewesen, die auf oder in dir leben, sorgst.

Verweilen Sie noch eine Zeit lang in diesem Gefühl des Getragenseins und genießen Sie es, bevor Sie aufstehen.

Stellen Sie sich aufrecht hin, nach Möglichkeit so, dass Sie den Himmel und die Sonne sehen können. Heben Sie Ihre Arme in einem weiten Bogen nach oben, die Handinnenflächen sind am Ende zum Himmel gerichtet. Nehmen Sie den Blick dabei mit. Der israelische Tai-Chi-Lehrer Eyal Shani nennt diese Sequenz: »Gott zulächeln« (oder dem Himmel …).

Richten Sie dann den Blick nach vorne, atmen Sie dreimal bewusst ein und aus und begrüßen Sie den neuen Tag:

Ich begrüße dich, neuer Tag.
Ich freue mich, dass ich lebendig bin.
Dankbar bin ich für das Geschenk des Lebens.
Ich spüre meinen Atem.
Dankbar bin ich, dass mein Atem ein- und ausströmt, ohne dass ich dafür nur das Geringste tun müsste.
Ich spüre meinen Körper.
Dankbar bin ich für meinen Körper, der selbsttätig so gut funktioniert.
Ich spüre das Leben in mir und um mich herum.
Dankbar bin ich für diesen kostbaren Augenblick.
Ein ganzer, neuer Tag liegt vor mir.
Ich will ihn achtsam und dankbar leben.

Legen Sie am Ende die Handinnenflächen vor Ihrer Brust zusammen und verbeugen Sie sich in alle vier Himmelsrichtungen.

Vor dem Schlafengehen am Abend

Wenn Sie den Tag vor dem Schlafengehen noch einmal Revue passieren lassen und emotional abschließen, wird Ihnen das im Allgemeinen einen besseren Schlaf schenken. Richten Sie Ihre Aufmerksamkeit vor allem darauf, was Sie Positives bewirkt haben und wofür Sie dankbar sein können.

* * *

Atmen Sie bequem im Bett liegend einige Male bewusst ein und aus. Lassen Sie beim Ausatmen Stress und Anspannung los. Entspannen Sie sich. Sagen Sie dann innerlich Sätze wie:

Ich danke dir, mein Körper, dass du mich so sicher durch den Tag geführt hast, dass du so gut funktioniert hast. Nun kannst du dich ausruhen. Danke!
Ich danke euch, meine Gedanken, die ihr mir geholfen habt, neue Ideen zu entwickeln, Probleme zu lösen und kreativ zu sein. Nun könnt ihr zur Ruhe kommen und allmählich still werden. Danke!
Ich danke euch, meine Gefühle, die ihr mich meine Lebendigkeit spüren lasst, mir Orien-

tierung gebt, mich Verbundenheit, Freude,
Wertschätzung empfinden lasst. Nun könnt
auch ihr euch ausruhen. Danke!

Verweilen Sie in dem Gefühl der Ruhe und Dankbarkeit, atmen Sie bewusst ein und aus und sagen Sie dann noch einmal von Herzen: *Danke!*

❋ ❋ ❋

Atmen Sie bequem im Bett liegend einige Male bewusst ein und aus. Lassen Sie beim Ausatmen Stress und Anspannung los. Entspannen Sie sich.
Vergegenwärtigen Sie sich etwas Gutes, das Ihnen an diesem Tag widerfahren ist. Führen Sie sich das Ereignis noch einmal genau vor Augen und lassen Sie die Erinnerung daran lebendig werden. Sehen Sie es als Geschenk und spüren Sie das Gefühl der Freude oder Dankbarkeit, das die Erinnerung auslöst. Atmen Sie in das Gefühl hinein, dehnen Sie sich in dieses Gefühl hinein aus und genießen Sie es.
Sagen Sie am Ende noch einmal Danke für das Geschenk.

Vor oder nach dem Essen

In vielen Religionen gibt es Gebete, die vor oder nach dem Essen gesprochen werden, um Gott, der Natur und auch den Menschen zu danken, die dazu beigetragen haben, dass eine Mahlzeit vor uns auf dem Tisch steht.

Die Tradition dieses Rituals, bei uns eher im Aussterben begriffen, lohnt eine Wiederbelebung, zumal das gemeinsame Kochen und Essen immer beliebter werden und ein gemeinsames Dankritual auch eine starke soziale, verbindende Funktion hat. Um dieses Ritual für sich wieder lebendig werden zu lassen, können Sie auf religiöse Tischgebete zurückgreifen (siehe die empfehlenswerten Websites im Anhang, Seite 109). Es lassen sich aber auch eigene »Dankgebete« entwickeln, um Dankbarkeit und Verbundenheit auszudrücken, die Gemeinschaft der am Mahl Beteiligten zu würdigen sowie die Ausrichtung auf das Genießen der Speisen zu stärken. Zum Beispiel:

Diese Nahrung ist ein Geschenk des ganzen Universums; unzählige Lebewesen haben dazu beigetragen, dass sie nun vor uns auf dem Tisch steht.
Mögen wir diese Gabe in Achtsamkeit und Dankbarkeit annehmen.

Für zwischenmenschliche Beziehungen

Denken Sie an einen Menschen, den Sie lieben oder der Ihnen sehr nahesteht, und drücken Sie Ihre Wertschätzung und Dankbarkeit aus, führen Sie sich seine Vorzüge vor Augen und formulieren Sie für sich Sätze wie:

Du bist so wunderbar ansteckend in deinem Optimismus.
Du bist ein so großzügiger Mensch.
Ich bin so dankbar, dass ich dich kenne und du ein wichtiger Teil meines Lebens bist.
Ich bin so dankbar, dass du oft meine Launen erträgst und mich so nimmst, wie ich bin.
Ich bin so dankbar, dass du mir Liebe und Sicherheit schenkst.

✳ ✳ ✳

Setzen Sie sich am Abend mit Ihrem Partner/Ihrer Partnerin zusammen und danken Sie einander abwechselnd für das, was Sie während des Tages/der Woche vom anderen bekommen haben. Beginnen Sie jeden Satz mit den Worten: »Ich danke dir …« Kommentieren Sie einander nicht, sondern tauschen Sie nur Dank und Wertschätzung aus.
In einem zweiten Schritt teilen Sie einander ab-

wechselnd mit, welche Schwierigkeiten Sie dem anderen vielleicht bereitet, wo Sie ihn verletzt oder ungerecht behandelt haben. Leiten Sie diese Sätze mit »Es tut mir leid, dass ich …« ein.

Auch bei diesem zweiten Schritt sollten Sie beide auf Erklärungen, Kommentare und Anmerkungen oder auch Nachfragen verzichten und die Aussagen erst einmal einfach stehen lassen.

Bedanken Sie sich am Ende noch einmal für Ihre Bereitschaft und Offenheit und dafür, füreinander da zu sein.

* * *

Setzen Sie sich bequem hin und atmen Sie einige Male bewusst ein und aus. Rufen Sie sich eine Situation mit Ihrem Partner/Ihrer Partnerin oder einem anderen Ihnen nahestehenden Menschen ins Gedächtnis, die Ihr Herz erwärmt hat und für die Sie dankbar sind. Stellen Sie sich die Situation konkret vor und spüren Sie das Gefühl der Dankbarkeit oder Liebe, das in Ihnen hochkommt. Lösen Sie sich nach einer Weile von den konkreten Bildern und verweilen Sie in dem Gefühl. Umhüllen Sie sich mit diesem Gefühl, weiten Sie es dann auf den geliebten Menschen aus. Beziehen Sie in einem weiteren Schritt alle Ihre Lieben, Ihre Freundinnen und Freunde ein, und schließen Sie am Ende alle Menschen und Lebewesen darin ein. Verweilen Sie, solange Sie mögen, in diesem Gefühl.

Für unser Eingebundensein in dieser Welt

Der vietnamesische Zen-Meister Thich Nhat Hanh hat ein Ritual entwickelt, das er »Erdberührungen« nennt, weil man sich bei jeder der drei »Berührungen« zunächst tief verbeugt und dann mit dem Körper auf dem Boden ruht, während man den Text hört und sich vergegenwärtigt. In vielen asiatischen Ländern spielt das Gedenken an die Ahnen eine große Rolle und aus dieser Tradition heraus ist dieses Ritual entstanden. Es erinnert an unser Eingebundensein, unsere Verankerung in Zeit und Raum und verleiht ihm zugleich Ausdruck.

Am besten sprechen Sie sich den folgenden Text auf einen MP3-Player o.Ä. und spielen ihn ab, während Sie sich tief verbeugen und dann mit geschlossenen Augen auf der Erde ruhen. Wenn Sie die Übung zu mehreren machen, könnte jeweils eine Person den Text für die anderen vorlesen.

1. In Dankbarkeit verbeuge ich mich vor allen Generationen meiner Vorfahren der leiblichen Familie.

Ich sehe meine Mutter und meinen Vater, deren Blut und deren Lebensenergie durch meine Adern zirkulieren und jede meiner Zellen nähren. Durch sie erkenne ich meine vier Großeltern. In mir trage ich das Leben, das Blut, die Erfahrung, die Weisheit, das Glück und die Sorgen und Nöte aller Generationen. Ich öffne mein Herz und meinen ganzen Körper, um die Energie der Einsicht, Liebe und Erfahrung, die mir von all meinen Vorfahren übertragen wurde, zu empfangen. Ich weiß, dass Eltern ihre Kinder und Enkelkinder immer lieben und unterstützen, obgleich sie, aufgrund der Schwierigkeiten, denen sie selbst ausgesetzt waren, nicht immer in der Lage sein mögen, das auf geschickte Weise zum Ausdruck zu bringen. Als Fortführung meiner Vorfahren verbeuge ich mich tief und lasse ihre Energie mich durchströmen. Ich bitte meine Vorfahren um ihre Unterstützung, ihren Schutz und ihre Stärke.

2. In Dankbarkeit verbeuge ich mich vor allen Generationen meiner spirituellen Familie.

Ich erkenne meine Lehrerinnen und meine Lehrer in mir – die, die mir den Weg der Liebe und des

Verstehens gewiesen haben, mir gezeigt haben, wie man atmet, lächelt, vergibt und tief im gegenwärtigen Moment lebt. Ich öffne mein Herz und meinen Körper, um die Energie des Verstehens und der liebenden Güte zu empfangen, den Schutz der Erwachten, ihrer Lehren und den der praktizierenden Gemeinschaften so vieler Generationen. Ich gelobe, das Leiden in mir und in der Welt zu transformieren und ihre Energie an zukünftige Generationen zu übertragen.

3. In Dankbarkeit verbeuge ich mich vor diesem Land und allen Vorfahren, die es aufgebaut haben.

Ich sehe, dass ich ganz bin, beschützt und genährt von diesem Land und allen Lebewesen, die hier lebten und durch all ihre Anstrengungen das Leben für mich einfach und möglich gemacht haben. Ich sehe mich all die Menschen berühren, die wussten, wie sie in Frieden und Harmonie mit der Natur leben und die Berge, Wälder, Tiere, die Vegetation und Mineralien dieses Landes schützen konnten. Ich spüre, wie die Energie dieses Landes meinen Körper und meine Seele durchdringt, mich unterstützt und akzeptiert. Ich gelobe, meinen Teil dazu beizutragen, die Gewalt, den Hass und die Verblendung zu verwandeln, die noch immer tief im kollektiven Bewusstsein dieser Gesellschaft liegen, damit künftige Generationen mehr Sicherheit, Freude und Frieden erfahren werden. Ich bitte dieses Land um seinen Schutz und seine Unterstützung.

Vier Säulen der Dankbarkeit

Rituale können Sie sehr dabei unterstützen, sich mit Dankbarkeit als einer Lebenshaltung vertrauter zu machen. Darüber hinaus sind es vor allem diese vier Haltungen, die Ihnen auf diesem Weg hilfreich sein können:

- Aufmerksamkeit, Achtsamkeit
- Staunen, sich überraschen lassen
- Offenheit
- Erinnern

Aufmerksamkeit und Achtsamkeit

Dankbarkeit können Sie nur spüren, wenn Sie präsent sind, also in der Gegenwart anwesend, auch wenn Sie möglicherweise für Vergangenes oder Zukünftiges dankbar sind. In dem Moment, in dem Sie dankbar sind, sind Sie ganz gegenwärtig, weder in Tagträumereien verfangen noch in negativen Gedanken über Ihr Leben oder das anderer.

Sie benötigen dazu ein gewisses Maß an Aufmerksamkeit oder Achtsamkeit, um überhaupt zu bemerken, was Ihnen – gerade in Ihrem Alltagsleben – alles entgegengebracht wird, welche Geschenke Ihnen tagtäglich dargeboten werden. *Wie oft hetzen wir mit Tunnelblick durch unseren Tag, bekommen von der Außen-, aber auch unserer Innenwelt nur das Nötigste mit, fühlen uns am Abend müde und ausgelaugt und haben doch so vieles übersehen, was uns hätte nähren können.*

In den letzten Jahren ist die Praxis der Achtsamkeit als Gegenmittel für unser Leben auf der Überholspur sehr populär geworden. Achtsamkeit beinhaltet, die Aufmerksamkeit im gegenwärtigen Moment zu halten, und zwar mit einer offenen, zugewandten und akzeptierenden Haltung, ohne das Wahrgenommene zu werten, ohne es verändern zu wollen – aber es wird *gesehen* und nicht übersehen. Achtsamkeit ist eine wichtige Säule für eine dankbare Lebenshaltung, wie auch Dankbarkeit als Übungsweg direkt in den gegenwärtigen Moment, in die Präsenz führt.

Die folgende Übung von Thich Nhat Hanh zeigt, wie Achtsamkeit und Dankbarkeit auf schöne Weise verbunden werden können:

Den Körper mit Wertschätzung wahrnehmen

Setzen Sie sich aufrecht, aber entspannt auf Ihr Meditationskissen, einen Stuhl oder eine andere Sitzgelegenheit an einem Ort, an dem Sie für eine Weile ungestört sind. Schließen Sie die Augen und richten Sie Ihre Aufmerksamkeit für eine Weile auf Ihr Ein- und Ausatmen. Ist Ihr Geist ruhiger geworden, wenden Sie Ihre Aufmerksamkeit auf Ihren Körper und vergegenwärtigen Sie sich:

Einatmend bin ich mir meiner Augen bewusst.

Ausatmend lächle ich meinen Augen voller Dankbarkeit zu.

Einatmend bin ich mir meiner Ohren bewusst.

Ausatmend lächle ich meinen Ohren voller Dankbarkeit zu.

Einatmend bin ich mir meines Herzens bewusst.

Ausatmend lächle ich meinem Herzen voller Dankbarkeit zu.

Einatmend bin ich mir meiner Lunge bewusst.

Ausatmend lächle ich meiner Lunge voller Dankbarkeit zu.

Einatmend bin ich mir meines ganzen Körpers bewusst.

Ausatmend lächle ich meinem Körper voller Dankbarkeit zu.

Verweilen Sie eine Zeit lang bei Ihrem Körper und öffnen Sie dann wieder die Augen.

Tipp: Achtsamkeit und Dankbarkeit auf diese Weise zu verknüpfen ist eine wunderbare Alltagsübung. Halten Sie während des Tages immer wieder einmal inne und betrachten Sie Menschen, Dinge, Ereignisse achtsam ein- und ausatmend auf diese Weise. Formulieren Sie dies in einem oder mehreren Sätzen wie oben beschrieben. Auch wenn Sie dabei zunächst vielleicht nicht immer ein tiefes Gefühl der Dankbarkeit verspüren: Wichtig ist die Ausrichtung.

....

Diese Übung kann Ihre Perspektive weiten, Ihnen helfen, Ihren Blick auf Dinge zu richten, die Sie gemeinhin vielleicht für selbstverständlich halten, und Dankbarkeit dafür zu entwickeln, dass sie da sind, gut funktionieren, Ihr Leben ermöglichen oder zumindest erleichtern.

Sie eröffnet auch einen Zugang zur nächsten Säule eines dankbaren Lebens – dem Staunen.

Staunen und sich überraschen lassen

Ein sicherer Killer für eine dankbare Lebenshaltung – und damit zugleich ein Garant für ein unzufriedenes, unglückliches Leben – ist unsere Neigung, alles als selbstverständlich anzusehen.

Dadurch nehmen wir uns eine wichtige Quelle der Freude, die sich aus dem Entdecken der vielen Geschenke und Überraschungen speist, die das Leben für uns bereithält. Für uns mag es selbstverständlich scheinen, genügend zu essen zu haben, ein Dach über dem Kopf, Strom, Wasser, Bildung, Gesundheitsversorgung, bezahlte Arbeit, ein großes Maß an Sicherheit. Für Millionen Menschen auf dieser Erde ist es das nicht. Dankbarkeit hat viel mit dem Wissen zu tun, dass nichts selbstverständlich ist und alles auch ganz anders sein könnte:

- Sie sind gesund – es könnte auch anders sein.
- Der Bus kommt pünktlich und bringt Sie sicher zu Ihrer Arbeitsstelle – es könnte auch ganz anders sein.
- Sie haben einen leichten Unfall und werden in die Notaufnahme des Krankenhauses gebracht. Sie müssen zwar lange warten, aber Ihnen wird geholfen – es könnte auch ganz anders sein.
- Sie kommen an einem Winterabend nach Hause und es ist warm, denn Sie verfügen über eine funktionierende Heizung – es könnte auch ganz anders sein.
- Sofie lernt Alex bei einem Fest kennen. Sie, die einmal meine Mutter sein wird, verlässt daraufhin ihren Freund, um mit Alex, meinem späteren Vater, zusammen zu sein – es hätte auch ganz anders kommen können.

Der amerikanische Meditationslehrer James Baraz bezeichnet Dankbarkeit als eine Art Scheinwerfer, der das erhellt, was bereits alles da ist. Dazu müssen wir aber willens und imstande sein, den Schleier des Selbstverständlichen zu lüften. Dann erst wird uns das Licht des Scheinwerfers enthüllen, was uns alles zur Verfügung steht – meist mehr als genug, um glücklich zu sein.

REFLEXION

Ist das wirklich selbstverständlich?

Nehmen Sie sich ein wenig Zeit und wenden Sie sich einer Sache zu, die Ihnen normalerweise ganz selbstverständlich erscheint (zum Beispiel Strom, Telefon, Wasser, Kleidung, Auto, Nahrung, Luft). Machen Sie sich einmal genauere Gedanken darüber: Warum erscheint mir dies so selbstverständlich? Ist es einfach da oder muss ich etwas dafür tun? Wer trägt dazu bei, dass ich dazu Zugang habe? Welche Bedeutung hat es für mein Leben? Sind alle Menschen gut damit versorgt?
Hilfreich ist es, diese Übung nicht nur gedanklich zu vollziehen, sondern sich dabei Notizen zu machen.

Staunen können gibt den Dingen, die wir so oft übersehen, ihren Wert zurück und hilft uns, den Reichtum, die Fülle und Verwobenheit unseres Lebens zu sehen. Ein wunderbares Gegenmittel für Gefühle des Mangels und Zu-kurz-gekommen-Seins.

»Uns allen ist ein unschätzbares Geschenk gegeben worden. In diesem wunderbaren, sich selbst organisierenden Universum lebendig zu sein, am Tanz des Lebens teilzuhaben, mit Sinnen, um es wahrzunehmen, mit Lungen, um es zu atmen, mit Organen, die aus ihm Nahrung ziehen – das ist ein Wunder, für das es keine Worte gibt«, sagt die amerikanische Tiefenökologin Joanna Macy.

Ist es nicht großartig, dass wir sehen, hören, riechen, schmecken, berühren können? Ist es nicht wundervoll, was wir alles sehen, hören, riechen, schmecken, berühren? Und dass uns dies auch noch bewusst ist.

Und ist es nicht höchst erstaunlich, dass überhaupt etwas ist und nicht nichts? Diese Frage hat Philosophen wie Leibniz, Schelling und Heidegger sehr beschäftigt. Sie lenkt den Blick auf die unglaubliche Fülle des Lebens und darauf, dass es letztlich ein großes Mysterium ist.

Für David Steindl-Rast beginnt Dankbarkeit da,

wo wir uns von den Dingen, die uns so selbstverständlich erscheinen, überraschen, in Staunen versetzen lassen. Er schlägt vor, die einfache Frage: »Ist das nicht erstaunlich?« als eine Art Wecker zu benutzen, um wach zu sein für die Wunder der Welt, in der wir leben.

Ist es nicht erstaunlich, dass

- es einen Boden unter Ihren Füßen gibt, der Sie trägt?
- im Frühjahr Blumen sprießen und es länger hell bleibt?
- irgendwo auf der Welt jemand ein paar Nummern eintippt und bei Ihnen das Telefon klingelt?
- Sie abends einschlafen und morgens wieder aufwachen?

Den Gründervater der Humanistischen Psychologie, Abraham Maslow, hat bei seinen Forschungen zur seelischen Gesundheit vor allem interessiert, was psychisch besonders gesunde Menschen auszeichnet. Bei den von ihm untersuchten und diesbezüglich als herausragend eingestuften Personen fand er ein hohes Maß an Kreativität. Damit ist nicht notwendigerweise eine Fähigkeit gemeint, die sich in künstlerischer Aktivität ausdrückt, sondern darin, dass sich diese Menschen ihre staunende Bewunderung für die Welt und ihr Interesse an den alltäglichen, kleinen Dingen und Erlebnissen des Alltags bewahrt haben.

Danke den Alltagsdingen

Nehmen Sie eine bequeme Sitzhaltung ein, schließen Sie die Augen und atmen Sie einige Male bewusst ein und aus. Öffnen Sie dann die Augen und lassen Sie Ihren Blick langsam herumwandern. Wenn er dann bei etwas verweilt, sagen Sie im Stillen einfach nur: Danke!

Danke, Sessel!

Danke, Fernseher!

Danke, Blumen!

Danke, Tisch!

Danke, Kühlschrank!

…

Tipp: Sie können diese Übung überall durchführen, auf der Straße, im Bus, am Arbeitsplatz, wo auch immer Sie sich gerade befinden. Es ist eine sehr machtvolle, tiefgreifende Übung. Sie werden spüren, wie dadurch auch

Ihr Gefühl der Verbundenheit gestärkt wird. Sie können sie auch bei Dingen anwenden, die Ihnen auf den ersten Blick missfallen. Beobachten Sie, wie sich die Dinge verändern, wenn Sie ihnen dafür danken, dass sie da sind.

....

Offenheit

Sich in Erstaunen versetzen lassen bedeutet, offen zu sein für die Wunder dieser Welt. Am ehesten findet sich noch bei kleinen Kindern die Neugierde und Entdeckerfreude, die Welt immer wieder neu zu sehen, zu erforschen und sich von ihr in Entzücken versetzen zu lassen. Aber auch als Erwachsene können wir diese Fähigkeit in uns wieder wachrufen und das, was uns umgibt, mit Offenheit und unbefangener Neugierde betrachten.

Eine Freundin erzählte, dass sie sich normalerweise eher verlegen fühlt, wenn sie Menschen begegnet, die offenkundig auf der Straße leben und für ihren Lebensunterhalt betteln. Kürzlich aber habe sie diese Befangenheit überwinden können und sei mit einer Frau, der sie Geld gegeben hatte, ins Gespräch gekommen. Daraus ist mittlerweile ein regelmäßiger Kontakt geworden, der sie mit einer Lebenswirklichkeit in Verbindung gebracht hat, die sie so bislang nicht gekannt hat. Für sie ist es sehr beglückend zu erleben, wie Vorurteile, Sprach- und Hilflosigkeit sowie Fremdheit sich schritt- weise abbauen. Das erfüllt sie mit Dankbarkeit für diese Begegnung, Dankbarkeit auch für die Kontaktbereitschaft der obdachlosen Frau und für ihren eigenen Mut.

Es ist faszinierend, das alltägliche Leben immer wieder mal bewusst zum Entdeckungsort für Überraschendes, Staunenswertes und Nicht-Selbst- verständliches zu machen. Dazu bedarf es keiner ausgeklügelten Übungen, sondern einfach eines gelegentlichen Innehaltens, Hinschauens und der Bereitschaft, sich überraschen zu lassen und zu staunen, eines Aussteigens aus dem Hamsterrad geschäftiger Getriebenheit, eines Erwachens aus den eigenen Tagträumereien. Wir haben eine Ver- abredung mit dem Leben, so Thich Nhat Hanh, und diese findet nur in der Gegenwart statt.

Eine Haltung der Offenheit, der Zugewandt- heit ermöglicht, diese Verabredung nicht nur ein- zuhalten, sondern sie so zu erleben, dass Gefühle der Lebendigkeit und Dankbarkeit daraus er- wachsen.

Vor einiger Zeit sah ich in einem Schaufenster, in dem ansonsten Schuhe und andere Ledersachen ausgestellt waren, eine Karte, auf der stand:

> **»Alles ist schön, was man
> mit Liebe betrachtet.«**

Dieser Satz ist mir an dem Tag nicht mehr aus dem Kopf gegangen und ich bin damit durch die Stadt gegangen – und alles wirkte verzaubert und war von einer tiefen Schönheit.

Erinnern

Dankbarkeit empfinden können wir nur in der Gegenwart, doch nicht selten sind wir dankbar für längst Vergangenes. Um etwas zu vergegenwärtigen, müssen wir uns aber daran erinnern. Was so banal und selbstverständlich klingt, ist es bei näherem Hinschauen ganz und gar nicht. Wir leben heutzutage in einer Zeit zunehmender Zerstreuung, sagt der aus Korea stammende und in Deutschland lebende und lehrende Philosoph Byung-Chul Han. Das Leben ist immer weniger in einen Rahmen eingebettet, der Sinn stiftet und eine gewisse Struktur bietet. Unsere Lebenszeit ist immer seltener durch klare Abschnitte, Abschlüsse und Übergänge gegliedert. Atemlos eilen wir von einer Gegenwart zur anderen.

Bewusst erlebte Lebensphasen, Abschiede und Übergänge geben dem Dasein aber nicht nur eine bestimmte Richtung und Kontinuität, sondern sie sind auch notwendig dafür, dass wir uns erinnern, dass wir Dinge, Ereignisse nicht nur über uns ergehen lassen. Denn wir erinnern uns nicht einfach an Vergangenes, sondern an unsere »Geschichten« oder unsere »Erzählungen« darüber. Das ist auch der Grund, warum sich manchmal unsere Erinnerungen an Ereignisse im Laufe der Jahre verändern beziehungsweise wir diese aktiv verändern können, indem wir das Geschehene neu erzählen.

Unsere Geschichten erst geben dem Vergangenen Bedeutung für uns und erfüllen unser Leben mit einer sinngebenden Ganzheit. Eine sowohl individuelle als auch gesellschaftliche Erinnerungskultur ist allerdings davon abhängig, dass wir (uns) überhaupt noch Geschichten erzählen und uns nicht durch die Überfülle der Lebensmöglichkeiten, Ereignisse und Informationen nur noch in einer Art bewusstloser Gegenwärtigkeit aufhalten, in der wir uns schon abends nicht mehr erinnern, was wir morgens getan haben, und das Vergangene schnell hinter einer Art weißem Nebel verschwindet. Von daher brauchen wir eine Erinnerungskultur mehr denn je – und auch, um Dankbarkeit als Weg, als Lebenshaltung zu kultivieren. Unsere Fähigkeit, uns an das Gute, das wir erlebt haben, das uns entgegengebracht wurde, zu erinnern, ist dafür eine wichtige Voraussetzung.

Die im folgenden Kapitel vorgestellte Methode der Selbsterforschung oder Innenschau setzt einerseits Erinnerungsvermögen voraus und ist gleichzeitig ein gutes Erinnerungstraining.

Naikan: drei Fragen, die unser Leben verändern können

Naikan, was so viel wie »nach innen schauen« bedeutet, wurde in den Vierzigerjahren des letzten Jahrhunderts von dem Japaner Ishin Yoshimoto (1918–1988) entwickelt, einem Anhänger der buddhistischen Reine-Land-Schule. Sein Anliegen war, eine für jedermann zugängliche Methode der Selbsterforschung zu finden. Mittlerweile wird Naikan nicht nur in entsprechenden Zentren und Seminaren gelehrt, sondern hat, weit über Japan hinaus, Eingang in Psychotherapie und Coaching gefunden, wird in der Suchttherapie, der Rehabilitation von Strafgefangenen und ansatzweise auch in Schulen angewandt.

Bei der Naikan-Innenschau beschäftigt man sich mit drei Fragen:

- *Was habe ich von ... bekommen?*
- *Was habe ich ... gegeben?*
- *Welche Probleme und Schwierigkeiten habe ich ... bereitet?*

Eine vierte, im ersten Moment sehr naheliegend scheinende Frage: Welche Probleme und Schwierigkeiten hat ... mir bereitet?, wird dagegen im Naikan nicht gestellt. Mit dieser Frage beschäftigen sich die meisten von uns ohnehin schon ausgiebig genug.

Die drei Fragen klingen sehr einfach und sind doch äußerst tief greifend. Sie lassen uns in unsere Vergangenheit eintauchen, in das, was wir in unserem Leben oder in bestimmten Lebensabschnitten Gutes erfahren haben. Die drei Fragen wollen uns nicht zu romantisierenden Betrachtungen animieren, sondern zu den Tatsachen führen. Wir erinnern uns daran, was wir bekommen haben, was wir getan und gegeben haben und welche Schwierigkeiten wir für andere geschaffen haben, und zwar nicht auf Basis unserer Gefühle, Meinungen oder Ansichten, sondern anhand dessen, was tatsächlich geschehen ist (manchmal kann das sehr weit auseinanderliegen).

Mithilfe dieser drei Fragen werden im Naikan alle Beziehungen geprüft: die zu den Eltern, Geschwistern, der Partnerin oder dem Partner, den eigenen Kindern, Freunden und Freundinnen, Arbeitskollegen, Vorgesetzten, unter Umständen sogar die zu Haustieren oder lieb gewonnenen Gegenständen.

Naikan, als eine Art meditative Selbsterforschung, geschieht idealerweise bei einem einwöchigen Rückzug in die Stille. Anhand der Fragen geht man in einem strukturierten Prozess das eigene Leben vom Anfang bis in die Gegenwart durch, und zwar mehrmals und schrittweise. Man beginnt mit einer Person, meist mit der Mutter, und wechselt dann zur nächsten über, dem Vater oder anderen wichtigen Bezugspersonen aus der Kindheit. Der einzige Kontakt während eines traditionellen Naikan-Seminars ist der zu einer Begleitperson, mit der man regelmäßig über die eigenen Erfahrungen spricht.

Es geht in diesem Prozess immer um ein bewusstes und recht detailliertes Vergegenwärtigen von Tatsachen. Dadurch erweitert sich die eigene Sicht auf die Vergangenheit, aber auch auf die Gegenwart.

Ein einwöchiger Rückzug ist eine wunderbare Möglichkeit, in aller Ruhe sehr genau zu erforschen, was in dieser erweiterten Sicht erkennbar wird. Aber auch im Alltag lässt sich mit diesen drei Fragen Licht auf meist Verborgenes werfen, indem man zum Beispiel

- ein Naikan-Tagebuch führt.
- sich einen bestimmten Zeitabschnitt (ein Jahr, einen Monat, einen Tag) nimmt und ihn anhand der drei Fragen erforscht.
- am Jahresende das vergangene Jahr anhand der drei Fragen Revue passieren lässt.
- auf diese Weise die Beziehungen zu nahestehenden Menschen erforscht.
- sich mittels der Fragen mit einer Beziehung, die vielleicht gerade schwierig ist, beschäftigt.
- Naikan in Bezug auf den eigenen Körper bzw. bestimmte Köperteile macht. (Zum Beispiel: Was haben meine Zähne für mich getan? Was habe ich für meine Zähne getan? Welche Schwierigkeiten habe ich ihnen bereitet?)
- diese drei Fragen nutzt, um sein berufliches Leben näher anzuschauen.

Mittels der ersten Frage erfahren Sie im Allgemeinen, wie viel Sie von anderen bekommen (haben). Dies ist Ihnen vielleicht längst selbstverständlich geworden und entgeht damit Ihrer Aufmerksamkeit. Nun wird es ans Licht geholt.

Die zweite Frage zeigt Ihnen, was Sie gegeben haben, und auch das ist manchmal viel mehr, als Ihnen vielleicht bewusst sein mag. Sie sollten sich auch für die Beschäftigung mit dieser Frage genügend Zeit nehmen. Wenn Sie aber unter Umständen doch eine Kluft spüren zwischen dem, was eine andere Person für Sie, und dem, was Sie für diese getan haben, stärkt das vielleicht Ihren Wunsch, Ihrerseits zu geben und andere mehr zu unterstützen. Diesem Wunsch zu folgen ist weit sinnvoller, als sich mit (nutzlosen) Schuldgefühlen zu quälen.

Die dritte Frage lädt Sie ein, Ihr Einfühlungsvermögen (auch hier sind Schuldgefühle nicht gefragt!) zu aktivieren sowie Verantwortung zu übernehmen für das, was Sie anderen möglicherweise an Problemen bereitet haben. Sie können sich selbst nicht unmittelbar sehen, so wie auch das Auge sich nicht selbst sehen kann. Wir alle brauchen dafür einen Spiegel, und diesen Spiegel finden wir in der Erfahrung der Menschen, mit denen wir zu tun haben. Durch sie entdecken wir, wer wir sind, und finden den Weg zu uns selbst.

Naikan ist ein Weg der Selbstreflexion, der zu tiefer Wertschätzung und Dankbarkeit führt, denn er gibt uns eine Ahnung von den vielen Geschenken, die wir in unserem Leben alltäglich erhalten. Indem wir unsere sämtlichen Beziehungen betrachten, führt uns Naikan zu der Erfahrung, dass wir alle miteinander verbunden sind. *Wir erkennen, dass unsere Kraft letztlich nicht in uns selbst liegt, sondern in unserer Verbundenheit mit der Welt. Dankbarkeit ist die Würdigung dieses unteilbaren Lebens.*

Diesem Aspekt ist das folgende Kapitel des Buches gewidmet. Zunächst einmal wird es aber um die Frage gehen, ob Dankbarkeit auch dann möglich und wünschenswert ist, wenn es uns gerade nicht gut geht und wir uns in einer schwierigen Lebenssituation oder Krise befinden. Können wir auch dankbar für Schmerz und Leid sein?

Dankbarkeit in schwierigen Lebenssituationen

Dankbar zu sein und konkret zu erleben, dass Dankbarkeit sehr zu unserem Glück beiträgt, ist erfahrungsgemäß nicht so schwer, wenn in unserem Leben alles gut und zu unserer Zufriedenheit verläuft. Aber wir wissen alle, dass dies nicht immer der Fall ist. Wir erleben vielfach kleinere und größere Krisen, werden krank, verlieren vielleicht unsere Arbeit oder unsere Partnerschaft zerbricht nach vielen gemeinsam verbrachten Jahren, unsere Eltern oder andere uns Nahestehende sterben. Ist Dankbarkeit als Lebenshaltung tauglich und tragfähig auch in schwierigen Lebenssituationen, in Lebenskrisen?

Die Positive Psychologie wie auch die Resilienzforschung, die sich mit der psychischen Widerstandsfähigkeit des Menschen befasst, dem »Immunsystem der Seele«, haben gezeigt, dass eine positive Grundhaltung – zu der auch oder gerade die Dankbarkeit gehört – Menschen besser mit schwierigeren Lebensumständen umgehen lässt beziehungsweise sie Schwieriges weniger leidvoll erfahren als Menschen mit einer pessimistischen oder eher negativen Lebenshaltung. *Sich in guten Zeiten in Dankbarkeit zu üben ist also eine sinnvolle Prophylaxe für schwierige Zeiten.*

Sehen, was mir gegeben ist

Vergegenwärtigen Sie sich zehn Gaben, die Ihnen auch in einer vielleicht für Sie gerade nicht einfachen Situation zur Verfügung stehen, die Ihnen üblicherweise ganz selbstverständlich vorkommen und für die Sie dankbar sind:

Ich bin dankbar, dass ich eine Wohnung habe, die warm und gemütlich ist.

Ich bin dankbar, dass ich denken und fühlen kann.

Ich bin dankbar, dass ich frei atmen kann.

…

Tipp: Diese Übung ist sehr wirkungsvoll, wenn wir alles nur noch grau in grau sehen und von Gefühlen der Hoffnungslosigkeit und Schwere niedergedrückt werden.

Doch manchmal mag sich alle Prophylaxe, alle Bemühungen, sich positiv auszurichten und zu stärken, in schwierigen Situationen als vergebliche Liebesmüh erweisen – und wir fallen erst einmal tief hinein in Zustände der Wut, Trauer, Verzweiflung, von Neid, Groll oder Feindseligkeit. Von Dankbarkeit weit und breit keine Spur. Dann ist das so, oder wie der Benediktinermönch und

Zen-Meister Willigis Jäger sagt: *»Auch das gehört dazu.«*

In manchen Situationen ist es einfach nicht möglich, Dankbarkeit zu empfinden, und wir sollten sie uns auch nicht verordnen, »weil sie doch ein so schönes Gefühl und so heilsam ist«. Sonst verstärken wir unser Unglücklichsein noch dadurch, dass wir uns als Versager sehen, weil wir keine positiven Gefühle wie Dankbarkeit, Wertschätzung aktivieren können. Vor allem aber sollten wir Dankbarkeit auch nicht anderen »verordnen«, die gerade eine schwierige Zeit erleben. Vermeintlich tröstliche Sätze wie: »Sei doch dankbar, dass du ihn los bist« nach einer Trennung, oder nach dem Verlust des Arbeitsplatzes: »Sei doch froh über die Möglichkeit zur Neuorientierung« oder bei einer Krankheit: »Krankheit ist immer auch eine Chance, für die du dankbar sein solltest« verbieten sich von selbst. Und doch neigen wir manchmal zu solchen, meist gut gemeinten Äußerungen, einfach aus dem Bedürfnis heraus, andere zu trösten und zu ermutigen und uns selbst nicht als so hilflos zu erleben.

Dankbarkeit in schwierigen Lebenssituationen ist also in erster Linie ein Thema für uns persönlich, aber eins, mit dem wir uns nicht überfordern sollten.

Es geht nicht darum, dass wir uns nach irgendwelchen Maßstäben selbst so weit optimieren, auch spirituell gesehen, dass wir vollkommene Menschen werden, stets positiv gestimmt und dankbar, sondern darum, dass wir immer menschlicher werden, und dazu gehören manchmal auch Wut und Verzweiflung.

Wenn wir aber Dankbarkeit als einen Übungsweg und als eine Lebenskunst betrachten, werden wir allmählich das Spektrum dessen, was wir als Geschenk ansehen, immer mehr erweitern können, bis wir schließlich auch schwierige Erfahrungen als Geschenk zu sehen vermögen. Am ehesten gelingt dies erfahrungsgemäß aus einem gewissen zeitlichen Abstand heraus.

REFLEXION

Rückschau

- Schauen Sie sich Erfahrungen, Ereignisse und Erlebnisse Ihres Lebens an, die für Sie zum damaligen Zeitpunkt schwierig oder schmerzhaft waren.
- Können Sie aus der jetzigen Perspektive sehen, welche Gelegenheiten und Chancen, welche Geschenke darin enthalten waren?

- Welche neuen Wendungen haben diese Ihrem Leben möglicherweise gegeben?
- Was empfinden Sie, wenn Sie auf diese Weise zurückschauen?

Tipp: Diese Übung kann in schwierigen Lebenssituationen helfen, die Perspektive zu weiten sowie das Gefühl für die Vergänglichkeit auch von Leidvollem zu stärken.

Wenn wir unser bisheriges Leben betrachten, erkennen wir vielfach, wie gerade Schwieriges und Schmerzhaftes sich oft für Entwicklungen, die wir heute gar nicht mehr missen mögen, als unabdingbar herausgestellt haben. Das Unangenehme, Leidvolle gab uns die Gelegenheit zu lernen, zu wachsen, hat uns Wege einschlagen lassen, die wir sonst nicht gegangen wären, uns mit Menschen zusammengebracht, die wir sonst nie kennengelernt hätten.

Für schmerzhafte Erfahrungen, für Krankheiten oder seelische Krisen können wir, während wir sie durchleben, meist nicht dankbar sein. Doch wir können, wie David Steindl-Rast sagt, auch in solchen Geschehnissen und Erfahrungen, die ja nun einmal da sind, ob wir das wollen oder nicht, nach den *Gelegenheiten* forschen, die sie uns bieten –

und für diese können wir dankbar sein. Diese Gelegenheiten sind eine Art Weckruf, eine Aufforderung, innezuhalten und einmal genauer hinzuschauen, ob wir nicht etwas verändern sollten in unserem Leben, in unserer Sicht auf die Welt. In diesem Sinne lässt sich eine Krankheit als eine Chance betrachten, die eigene Lebensweise zu überprüfen und gegebenenfalls andere Prioritäten zu setzen. Das Gleiche gilt auch für den Verlust des Arbeitsplatzes oder eine Trennung.

Kurze Zeit nach dem 11. September 2001 veröffentlichte Bruder David einen Text, in dem er auch dieses schreckliche Ereignis als einen Weckruf an uns, an die Politiker bezeichnete, unser Verhältnis zur arabischen Welt neu zu überdenken.

In diesem Sinne lassen sich letztlich alle Ereignisse als Gelegenheiten verstehen. Das bedeutet keinesfalls, alles, was geschieht, gutzuheißen und Unrecht nicht mehr als Unrecht anzusehen. Es bedeutet, die Situation zunächst einmal anzuerkennen und anzunehmen, alles andere wäre letztlich ja auch sinnlos und Energieverschwendung. Aus einer Akzeptanz heraus lassen sich dann vielleicht Veränderungsmöglichkeiten finden. Dadurch verlieren solche Ereignisse etwas von ihrer Schicksalsmächtigkeit, denn wir bringen uns wieder als Akteure ins Spiel, die daraus ihre Schlüsse ziehen, unter Umständen Altgewohntes hinter sich lassen und neue Wege beschreiten.

Leid nicht noch verstärken

Es gibt eine Lehrrede des Buddha, die unter dem Namen »Der Pfeil« bekannt wurde. Werden wir von einem Pfeil getroffen, so der Buddha, spüren wir an der Stelle des Körpers, an der der Pfeil eindringt, Schmerzen. Trifft uns ein zweiter Pfeil an derselben Stelle, verdoppelt sich der Schmerz nicht nur, sondern er verzehnfacht sich.

Schmerzhafte, leidvolle Erfahrungen – wir fallen bei einer Prüfung durch, erleben Zurückweisung, bekommen unsere Traumstelle nicht, werden krank – sind Beispiele für den ersten Pfeil. Sie verursachen ein gewisses Maß an Schmerz. Den zweiten Pfeil schießen wir dann selbst ab. Er ist unsere Reaktion auf den Schmerz, unsere Geschichten, die wir um das Leidvolle ranken, sowie unsere Angst: »Warum trifft das gerade mich?« »Das habe ich nicht verdient.« »Ich halte das auf die Dauer nicht aus.« »Wohin soll das alles noch führen, wo ich doch jetzt schon so überfordert bin?« All dies vergrößert im Allgemeinen den bereits vorhandenen Schmerz beträchtlich. Diese Geschichten können verschiedene Formen (Drama,

Tragödie) annehmen und von unterschiedlichen Gefühlen gespeist sein (Wut, Angst, Selbsthass). Immer aber verstärken sie den Stress des aktuellen Geschehens. Während Sie kaum etwas tun können, um von dem ersten Pfeil nicht getroffen zu werden, sind Sie dem zweiten Pfeil keineswegs wehrlos ausgesetzt: Sie können sich entscheiden, ihn einfach nicht abzuschießen. Darin liegt unsere menschliche Freiheit. Auch wenn Sie es gewohnt sind, den zweiten Pfeil abzufeuern, unmittelbar nachdem der erste Sie getroffen hat, haben Sie einen, wenn vielleicht auch zunächst nur winzig kleinen Entscheidungsspielraum. Er gibt Ihnen die Möglichkeit, den zweiten Pfeil beiseitezulegen und sich unverzüglich um die durch den ersten Pfeil verursachte Verletzung zu kümmern.

Und hier kann auch die Dankbarkeit wieder ins Spiel kommen. Denn Dankbarkeit vermag Balsam auf so manche Wunde zu sein.

Wir können uns dankbar vergegenwärtigen,

- was in unserem Leben trotz des Schweren alles gut läuft. Was beispielsweise in unserem Körper trotz einer Erkrankung noch gut funktioniert. So ist es wunderbar, über gesunde Augen zu verfügen. Sie lassen uns in jedem Moment ein Kaleidoskop sich ständig verändernder wun-

derbarer Formen und Farben wahrnehmen –
ein Paradies, an dem wir uns erfreuen können.

- dass Schmerz ein natürlicher Teil des Lebens ist,
  der aber – so wie alles, das Freud- wie das Leidvolle – vergänglich ist. In *Der Prophet* von
  Khalil Gibran heißt es: »Schmerz bedeutet
  das Brechen der Schale, die euer Verstehen
  umschließt. Genau wie der Obstkern brechen
  muss, auf dass sein Herz der Sonne ausgesetzt
  sei, ebenso müsst auch ihr den Schmerz
  erleben.«

- welche Unterstützung wir oft in für uns
  schwierigen Lebensphasen erhalten, wie
  sehr wir von anderen »getragen« werden.
  Viele von uns sind so daran gewöhnt, selbst
  alles in die Hand zu nehmen, zu regeln und zu
  organisieren, dass sie es als zutiefst bewegend
  erleben, wenn sie merken, welch große Hilfs-
  bereitschaft ihnen in schwierigen Lebensphasen
  entgegengebracht wird. Für Barbara Fredrickson ist Resilienz, unsere psychische Wider-
  standskraft, von daher nicht nur etwas Indivi-
  duelles, sondern sie durchzieht das gesamte
  soziale Netz von Gemeinschaften. Positive
  Einstellungen kennen keine Grenzen, sie fließen

in uns wie zwischen uns. Diese Erfahrung löst oft tiefe Gefühle von Dankbarkeit aus und erinnert wieder einmal daran, dass Dankbarkeit vor allem eins ist – Beziehung.

- dass Menschen das Leben in schwierigen Situationen oft in größerer Intensität und Sinnhaftigkeit erfahren. Eine Frau, deren Mann an ALS (Amyotrophe Lateralsklerose, eine degenerative Erkrankung des motorischen Nervensystems) starb, erzählte mir einmal, dass die Zeit vor seinem Tod die intensivste und vielleicht sogar glücklichste Zeit ihres Lebens gewesen sei, da sie, wie nie davor und nie wieder danach, in diesen Monaten imstande gewesen war, ganz klar das Wesentliche vom Unwesentlichen zu unterscheiden und nur dem Wesentlichen noch Raum zu geben – der Liebe, dem Zusammensein mit ihrem Mann.

Auch der Tod eines Menschen kann letztlich als eine Gelegenheit, als Weckruf an uns Lebende verstanden werden, uns auf das zu besinnen, was wirklich wichtig ist im Leben, uns auszurichten auf das, was uns trägt. Im Tibetischen gibt es ein Sprichwort, das besagt: »Wenn wir abends ins Bett gehen, wissen wir nicht, was uns näher ist, der

Morgen oder der Tod.« Der Tod eines Menschen ist sein Geschenk an uns, uns in unserem Innersten von der Erfahrung der Kostbarkeit und zugleich Flüchtigkeit des Lebens berühren zu lassen. Die Reaktion auf dieses Geschenk kann neben Schmerz kaum etwas anderes als tief empfundene Dankbarkeit sein.

Gute Tage, schlechte Tage

Ein chassidischer Rabbi predigte seinen Schülern, sie sollten für alles dankbar sein, für die guten wie für die schlechten Tage. Darauf fragten sie ihn, wie man denn für schlechte Tage dankbar sein könne. Er antwortete: »Geht zum Rabbi Susja, der kann euch das am allerbesten erklären.«
Die Schüler nehmen eine beschwerliche, mehrtägige Reise auf sich und kommen schließlich bei Rabbi Susja an, der in einer kleinen, ärmlichen Hütte lebt. Der Rabbi begrüßt sie freundlich, bewirtet sie mit dem wenigen, was er hat, und fragt sie dann, warum sie gekommen seien.
»Unser Meister hat uns gelehrt«, so erzählen sie ihm, »dankbar für gute und für schlechte Tage zu sein. Als wir ihn gefragt haben: ›Wie kann man auch für schlechte Tage dankbar sein?‹, hat er uns geraten, doch Sie zu fragen, da Sie es uns am besten erklären könnten. Darum sind wir hergekommen.« »Es tut mir leid. Ich kann euch das nicht erklären«, antwortet Rabbi Susja, »ich habe noch nie schlechte Tage erlebt.«

Sie und ich sind vermutlich meilenweit davon entfernt, nie schlechte Tage zu erleben, und würden uns vielleicht eine andere Antwort wünschen. Eine, die uns sagt, wie wir *trotz* schlechter Tage positive Gefühle wie Dankbarkeit und Freude verspüren können.

Diese Geschichte weist aber auf eine Ebene hin, die jenseits von guten und schlechten Zeiten existiert, und sie zeigt, dass es Menschen gibt, die mit dieser Ebene vertrauter sind als wir vielleicht. Dass es eine solche Ebene gibt, wissen die meisten von uns intuitiv, denn wir erleben sie in den besonders intensiven Momenten unseres Lebens, in glücklichen ebenso wie in tieftraurigen.

Im Zen gibt es die Geschichte einer Meisterin, die ihre Schülerinnen und Schüler lehrte, auf alles, was ihnen geschah, mit einem »Danke für alles. Es gibt nichts zu beklagen« zu antworten. Nach einer Weile kam eine der Schülerinnen zu ihr, um über ihre Übung zu berichten. Sie erzählte, wie schwer ihr die Übung falle, angesichts ihrer nicht einfachen Lebensumstände, und wie oft sie ihr nicht gelinge. Die Meisterin sagte lächelnd zu ihr: »Auch dann sage einfach: ›Danke für alles. Es gibt nichts zu beklagen.‹«

Geschichten dieser Art wollen uns nicht dazu verleiten, Dankbarkeit als eine Art Wundermittel zu verstehen, als Zuckerguss, den wir über schmerzvolle Erfahrungen und Bilder gießen, um uns das Leben zu versüßen, in der Hoffnung, dadurch dem Schmerz zu entgehen. Oder sie als Weichspüler oder Beruhigungsmittel zu sehen, mit dem wir glauben, die Ungerechtigkeiten in dieser Welt nicht mehr sehen zu müssen und von ihnen berührt zu werden.

Es gibt aber viele Berichte von Menschen, für die Dankbarkeit in schwierigen Zeiten – sei es bei einer ernsten Erkrankung, dem Verlust eines nahestehenden Menschen, im Gefängnis oder sogar im Konzentrationslager – ein durchaus häufiges und tief empfundenes Gefühl war, eine Art Rettungsanker, der ihnen half, nicht von Gefühlen der Ohnmacht, Wut, Verzweiflung davongeschwemmt zu werden und sich ihre Würde und Selbstachtung zu erhalten beziehungsweise diese wiederzuerlangen. Dankbarkeit erinnert uns daran, dass wir verbunden sind mit anderen, dass wir letztlich nicht getrennt sind, auch wenn wir das manchmal ganz anders erleben mögen.

4

Wir sind alle miteinander verbunden

»Wäre das Wort ›Danke‹ das einzige Gebet, das du je sprichst, so würde es genügen.«

Meister Eckhart (um 1260–1328),
Theologe und Mystiker

Angesichts unserer globalisierten Welt wird immer augenfälliger, wie sehr wir alle miteinander verbunden sind. So vieles, was uns umgibt, was uns nährt, was uns trägt, steht uns zur Verfügung, ohne dass wir etwas dafür getan hätten. Unser Wohlergehen, letztlich unser ganzes Leben hängt vom Beitrag und dem Zusammenwirken unzähliger Lebewesen ab. Besonders offensichtlich wird das bei unserer Nahrung. Dass wir aus einer Überfülle von Lebensmitteln auswählen können, hängt von so vielen Bedingungen und von der Arbeit zahlloser Menschen ab.

Wenn wir uns näher damit befassen, woher unsere Nahrung, unsere Kleidung oder die sonstigen Dinge des Alltagslebens stammen, wird uns aber nicht nur deutlich, wie viel uns gegeben wird, sondern auch, dass dies oftmals unter menschenunwürdigen oder umweltschädigenden Bedingungen erfolgt. Dankbar für die Gaben zu sein bedeutet nicht, blind für die Umstände zu sein, unter denen sie zustande kommen. Unsere wechselseitige Verbundenheit und Abhängigkeit zu sehen beinhaltet auch, sich mehr und mehr der Verantwortung bewusst zu werden, die wir zum Beispiel als Verbraucher haben, und auch die Möglichkeiten zu sehen, die uns durch unsere Konsumentscheidungen gegeben sind, an der Veränderung unheilsamer Entwicklungen mitzuwirken.

> Wenn wir Dankbarkeit als Lebenskunst begreifen, richten wir uns mehr und mehr darauf aus, die Fülle zu sehen und nicht mehr so sehr den Mangel.

Unsere Wirtschaft aber lebt davon, in uns das Gefühl des Mangels anzusprechen und unsere Gier zu wecken, damit wir noch die unsinnigsten Produkte kaufen. Sie lebt davon, dass wir das Glück im Außen, in der Warenwelt suchen und ihm dort nachjagen. Sie verdient an unserer Bereitschaft, Stress, Überforderung, Arbeiten rund um die Uhr hinzunehmen, da wir immer noch glauben, dadurch irgendwann in der Zukunft glücklich zu sein.

Dankbarkeit aber zeigt uns, dass wir das Glück in uns selbst, in unserem offenen, weiten Herzen finden, und zwar hier und jetzt. Sie ist damit ein wunderbares Gegenmittel für Gier, sonstige Mangelgefühle, Stress, aber auch für Gefühle der Ohnmacht und Vereinzelung.

Dankbarkeit hat von daher stets auch einen politisch subversiven, kapitalismuskritischen Aspekt. Sie macht es uns leicht, uns mehr und mehr auf das auszurichten, was uns wirklich wichtig und wesentlich ist, und unterstützt uns dabei, die Stimme unserer Sehnsucht zu hören und ihr zu folgen.

Wie Dankbarkeit uns tragen kann

Joanna Macy ist eine sehr lebhafte, temperamentvolle Frau mit großen ausdrucksstarken Augen. Mittlerweile ist sie 86 Jahre alt. Noch immer leitet sie weltweit Workshops und Seminare, hält Vorträge und schreibt Bücher. Bekannt geworden ist die Buddhistin, Pazifistin und Aktivistin gegen Atomkraft als Pionierin der sogenannten Tiefenökologie. Dieser Begriff, der auf den norwegischen Philosophen Arne Naess zurückgeht, grenzt sich von einer eher traditionellen Ökologie ab, die alle ökologischen Probleme immer nur zum Nutzen, zum Vorteil oder zum Profit der Menschen angehen will. Die Tiefenökologie hingegen ist vom gleichen Wert aller Lebewesen überzeugt und somit zutiefst auf eine Harmonisierung und ein ökologisches Gleichgewicht ausgerichtet.

Joanna Macy, die ihre Arbeit als »the work that reconnects« (»die Arbeit, die wiederverbindet«) bezeichnet, sieht die Erde denn auch als ein lebendes System. Darin sind alle Dinge miteinander verbunden und voneinander abhängig. Und auch wir Menschen sind nichts davon Getrenntes, sondern sind lebender Teil eines lebenden Organismus.

In mystischer Sprache ausgedrückt, spricht Joanna Macy von der Welt als ihrer Geliebten und als Teil ihrer selbst. Jedes individuelle Bewusstsein erhellt dabei einen kleinen Abschnitt der Wirklichkeit, bildet eine kleine Schlinge im großen Gewebe des Fühlens und Wissens. Wir Menschen sind also ein aktiver Teil der Schöpfung und dazu aufgerufen, weiter auf kreative Weise am Netz des Lebens zu knüpfen, um heilsame Impulse zu setzen. Denn natürlich steht es um die Erde, um unsere Mitwelt nicht gut, die wir, wie Papst Franziskus in seiner Umwelt-Enzyklika sagt, dabei sind, in eine Müllhalde zu verwandeln.

Was aber gibt uns die Kraft, angesichts der gegenwärtigen Situation nicht die Hoffnung zu verlieren und den zerstörerischen Kräften entgegenzuwirken? Hier kommt für Joanna Macy die Dankbarkeit als starke Kraftquelle ins Spiel.

In ihrer Arbeit geht sie von einem Kreis aus, der in vier Abschnitte unterteilt ist. Der erste Abschnitt ist die Dankbarkeit, denn wenn wir das Leben nicht als Gabe sehen, wie sollten wir dann den Wunsch entwickeln, an der Heilung der Erde mitzuwirken? Woher sollten unsere Motivation und Kraft kommen, uns dem zweiten Abschnitt zu stellen, nämlich uns zu öffnen für den Schmerz über den Zustand der Welt? Diese Öffnung wiederum lässt uns im dritten Abschnitt die Welt mit neuen Augen sehen und das kräftigt in uns den Wunsch, in ein konkretes Handeln (vierter Abschnitt) zu kommen. Und am Ende, sagt sie, kommen wir wieder bei der Dankbarkeit an.

> »Wir können dankbar dafür sein, in einer Zeit zu leben, die so sehr zur Veränderung herausfordert und diesen sinnlichen, fast erotischen Instinkt in uns weckt, das Leben zu erhalten.«
>
> Joanna Macy (*1929),
> Öko-Philosophin und Aktivistin

Im tibetischen Buddhismus gibt es die Vier Grundlegenden Gedanken, die vor allem zu Beginn der spirituellen Schulung immer wieder zu vergegenwärtigen sind. Der erste Gedanke bezieht sich darauf, wie kostbar und selten es ist, als Mensch (wieder-)geboren zu werden. Diese Chance ist so selten gegeben, heißt es in den klassischen Schriften, wie die Wahrscheinlichkeit, dass eine blinde Schildkröte, die lediglich einmal in hundert Jahren aus den Tiefen des Ozeans aufsteigt, dabei mit dem Kopf durch einen auf den sieben Meeren durch Wind und Wellen hin und her bewegten goldenen Ring auftaucht.

Auch bei diesem Weg steht also das Wecken von

Staunen und Dankbarkeit am Anfang, um damit das Feuer für die Motivation zu schüren, sich auf den Weg zu machen, um zum Wohle aller Lebewesen, wie es immer heißt, zu wirken.

Wenn unsere Verbundenheit mit und die damit einhergehende Abhängigkeit von anderen uns immer gegenwärtiger sind, werden wir im täglichen Leben behutsamer, wohlwollender, pfleglicher mit Menschen, Tieren und Dingen umgehen. Dies wiederum verstärkt unser Gefühl der Verbundenheit, der wechselseitigen Abhängigkeit, der Bedingtheit unseres Lebens. Und mit immer tieferer Wertschätzung für dieses eng verflochtene Netz namens Leben erfahren wir diese Verbundenheit als Geborgenheit.

Dankbarkeit stärkt unser Vertrauen in das Leben, denn Dankbarkeit selbst ist Ausdruck des Vertrauens darin, dass alles Beziehung, dass alles Geschenk ist.

Mehr und mehr erkennen wir, dass unser Leben letztlich ein »getragenes« Leben ist. Wir sind getragen von einem großen, unteilbaren Netzwerk, zu dem auch wir selbst unabdingbar gehören. In einem modernen Kirchenlied, das letztlich Ähnliches, nur in christlichen Bildern, ausdrückt, heißt es:

Du kannst nicht tiefer fallen als nur in Gottes Hand,
die er zum Heil uns allen barmherzig ausgespannt.
Es münden alle Pfade durch Schicksal, Schuld und Tod
doch ein in Gottes Gnade trotz aller unserer Not.
Wir sind von Gott umgeben auch hier in Raum und Zeit
und werden in ihm leben und sein in Ewigkeit.

(Text: Arno Plötzsch, 1900–1956)

Die erste Zeile dieses Liedes habe ich, wie so viele andere Menschen wohl auch, zum ersten Mal gehört, als die bekannte Theologin Margot Käßmann ihn nach ihrem Rücktritt vom Rat der Evangelischen Kirche Deutschlands zitierte. Seither ist er mir sehr gegenwärtig geblieben, drückt er doch unser Getragensein auf eine so trostreiche Weise aus.

Im letzten Verständnis der Dankbarkeit ist, so David Steindl-Rast, »die Antwort zu finden auf die große menschliche Frage: Wer bin ich? Ich bin Geschenk, das ich dankbar zurückschenken kann, dadurch, dass ich mich verwirkliche. Es geht im Leben um diesen dynamischen Kreislauf einer Liebe, die alles hervorbringt und sich wieder zurückschenkt.«

Die folgende Geschichte über Wertschätzung und Dankbarkeit, die in etlichen Varianten in verschiedenen Büchern und im Internet kursiert und deren Originalquelle mir leider nicht bekannt ist, möchte ich Ihnen zum Abschluss mitgeben.

Die Lebenskünstlerin

Eine Frau verließ niemals ihr Haus, ohne sich vorher eine Handvoll Bohnen einzustecken. Sie tat dies nicht etwa, um die Bohnen zu kauen. Nein, sie nahm sie mit, um so die schönen Momente des Tages bewusster wahrzunehmen und um sich an diese Augenblicke später besser erinnern zu können.

Jedes Mal, wenn sie tagsüber etwas Schönes erlebte – den Sonnenaufgang, das Lachen eines Kindes, eine kurze Begegnung, ein gutes Mahl, einen schattigen Platz in der Mittagshitze, … für alles, was die Sinne erfreute, ließ sie eine Bohne von der rechten in die linke Jackentasche wandern. War das Erlebnis besonders schön und gar überraschend, wechselten zwei oder drei Bohnen die Seite.

Abends saß sie dann zu Hause und zählte die Bohnen aus der Tasche. Sie zelebrierte dies geradezu und führte sich so vor Augen, wie viel Schönes ihr an diesem Tag widerfahren war. Und auch an einem Abend, an dem sie bloß eine Bohne zählen konnte, war der vergangene Tag in ihren Augen ein gelungener Tag gewesen – es hatte sich zu leben gelohnt.

Nachwort

In dem Kinofilm »Still Alice – Mein Leben ohne Gestern« spielt Julianne Moore die erfolgreiche Professorin für Linguistik Alice Howland, die mit Anfang fünfzig mit der Diagnose einer vererbbaren, früh einsetzenden Form von Demenz konfrontiert wird. Der Film zeigt ihr Umgehen und das ihrer Familie mit dieser sehr schnell voranschreitenden Krankheit. Am Schluss zieht ihre jüngste Tochter Lydia, die bis dahin meist erfolglos versucht hat, als Schauspielerin Fuß zu fassen, zu ihr ins Haus, um sich um sie zu kümmern. In der letzten Szene trägt sie der Mutter ein langes, sehr komplexes Gedicht vor und fragt sie dann, ob sie verstanden habe, worum es dabei gegangen sei. Nach einigen Momenten und mit sichtlicher Anstrengung und kaum verstehbar sagt Alice: »Liebe.«

Es ist meine Hoffnung, dass Liebe und Dankbarkeit, die für mich auf das Engste miteinander verbunden sind, uns immer erreichen oder zugänglich sein mögen, egal in welchem geistigen Zustand wir auch sind. Doch da sie ja das sind, was vor allen Worten liegt, bin ich da ganz zuversichtlich.

Ich danke Ihnen, liebe Leserin, lieber Leser, dass

Sie mir in diesem kleinen Buch bis zum Ende gefolgt sind. Ich wünsche mir sehr, dass ich Ihnen vielleicht die eine oder andere Inspiration geben konnte, diese wunderbare Kraftquelle Dankbarkeit für sich näher zu erkunden, um tiefer zu erfahren, dass Dankbarkeit ein Gefühl, eine Haltung und ein Weg ist, die einfach glücklich machen.

Zum Weiterlesen

Emmons, Robert: *Gratitude Works! A 21-Day Program for Creating Emotional Prosperity*. John Wiley & Sons: 2013.

Fredrickson, Barbara I.: *Die Macht der guten Gefühle: Wie eine positive Haltung Ihr Leben dauerhaft verändert*. Campus Verlag: Frankfurt/Main 2011.

Hanson, Rick: *Denken wie ein Buddha: Gelassenheit und innere Stärke durch Achtsamkeit*. Irisiana: München 2013.

Krech, Gregg: *Die Kraft der Dankbarkeit: Das Praxisbuch für innere Zufriedenheit*. Knaur MensSana: München 2007.

Lyubomirsky, Sonja: *Glücklich sein: Warum Sie es in der Hand haben, zufrieden zu leben*. Campus: Frankfurt/Main 2013.

Richard, Ursula: *Die drei Pfeiler des Glücks: Achtsamkeit, Dankbarkeit, Freude*. Knaur MensSana: München 2010 (e-Book).

Dies.: *Stille in der Stadt: Ein Cityguide für Auszeiten und überraschende Begegnungen*. Kösel: München 2011.

Seligman, Martin: *Flourish – Wie Menschen aufblühen: Die Positive Psychologie des gelingenden Lebens*. Kösel: München 2012.

Steindl-Rast, David: *Fülle und Nichts: Von innen her zum Leben erwachen*. Herder: Freiburg i. Br. ^{6}2005.

Ders.: *Achtsamkeit des Herzens*. Herder: Freiburg i. Br. 2013.

Stöckl, Barbara: *Wofür soll ich dankbar sein?* Ecowin: Salzburg ^{4}2012.

Thich Nhat Hanh: *Alles, was du tun kannst für dein Glück*. Herder: Freiburg i. Br. 2013.

Vopel, Klaus V.: *Dankbarkeit und positive Emotionen: Übungen und Rituale für Gruppen und Einzelne*. Iskopress: Salzhausen 2011.

Empfehlenswerte Websites

Die Website von David Steindl-Rast *www.gratefulness.org*
ist eine überaus reiche Fundgrube zum Thema Dankbarkeit.
Der deutschsprachige Ableger heißt *www.dankbar-leben.org.*

Nähere Informationen zu Naikan gibt es unter:
www. naikan.de
www.naikido.at

Dankgebete der abrahamitischen Religionen
(Judentum, Christentum und Islam) finden Sie hier:
www.orare.de
www.amen-online.de
www.hagalil.com/judentum/gebet/sidur.htm
www.islam.de/51.php

Lebenshilfe auf den Punkt gebracht

Achtsamkeit hilft uns, mit den Herausforderungen des Lebens geschickter umzugehen – und dabei die kleinen Freuden des gegenwärtigen Augenblicks aus vollem Herzen zu genießen. Die kompakten Pocketguides bieten einen unkomplizierten Einstieg: Eine Fülle an Übungen und Impulsen zeigt, wie sich Achtsamkeit konkret im Alltag umsetzen lässt.

ISBN 978-3-95803-029-9

ISBN 978-3-95803-009-1

ISBN 978-3-95803-032-9

ISBN 978-3-95803-030-5